Guido Ernst Hannig

Lebe deine wirkliche Berufung

Guido Ernst Hannig

Lebe deine wirkliche Berufung

Der spirituelle Weg

SILBERSCHNUR ❦ VERLAG

Inhalt

Widmung

Für meine Frau Petra
... denn die erste Berufung ist Beziehung.

Für meinen Vater Hans-Peter
... denn das Himmelreich der Berufung ist die Kindheit.

Einleitung

»Denn wo euer Schatz ist,
da ist auch euer Herz.«

(LK 12,34)

⊙

An wen richtet sich das Buch?

Wie geht es Ihnen, wenn Sie an Ihre tägliche Arbeit denken? Erfüllt Sie diese? Fühlen Sie sich in Ihrem Beruf lebendig? Können Sie sich vorstellen, mit Vitalität und Schaffenskraft zum Pionier in eigener Sache zu werden? Träumen Sie von einem Beruf und Betätigungsfeld, in dem in erster Linie Sie selbst Ihre Fußspuren hinterlassen können? Vielleicht berühren diese Fragen etwas in Ihnen, und Sie denken jetzt: "Nein, schon lange fühle ich keinen großen Sinn mehr in meiner täglichen Arbeit, und lebendig fühle ich mich auch nicht." Dann ist es wahrscheinlich kein Zufall, dass Sie dieses Buch in den Händen halten, denn es kann ein Begleiter sein – auf dem Weg zu neuen Horizonten, zu einem Beruf, der Ihrer Berufung entspricht und der wahre Erfüllung bringt.

Häufig ist zu lesen, dass durch die hochmoderne arbeitsteilige Wirtschaft der Blick für das Ganze einer Unternehmung verloren geht. Deshalb bemühen sich viele Personalabteilungen mit identitäts- stiftenden Maßnahmen, die Zufriedenheit der Mitarbeiter zu erhöhen und die Arbeitnehmer "bei der Stange" zu halten. Diese sind manch- mal wie das Reichen von Medikamenten beim Arzt. Medikamente helfen sicher bei einer körperlichen Krankheit, sie stoßen den Hei- lungsprozess an und können die Symptome lindern. Die Ursachen einer Krankheit hingegen liegen meist ganz woanders und müssen in Bereichen gesucht werden, die der Medizin nicht zugänglich sind. Einige Gesundheitsexperten gehen sogar so weit zu behaupten, jede Krankheit wäre auf eine negative geistige Grundhaltung zurückzuführen.

So ist es auch mit der Zufriedenheit von Mitarbeitern am Arbeitsplatz: Die wirklichen Ursachen erschließen sich dem Blick der Personalabteilung oder des Vorgesetzten nicht. Das weiß ich aus eigener Erfahrung, denn ich habe fast zwei Jahrzehnte lang während meiner Berufstätigkeit in Wirtschaft und Verwaltung beobachten können, dass die wenigsten Kollegen langfristig durch gut bezahlte Beschäftigung, Infrastruktur oder innovative personalwirtschaftliche Aktionen motiviert wurden, wenn die Identifikation mit dem täglichen Tun fehlte. Ganz im Gegenteil: Diese Aktionen gingen oft sogar ins Leere und wurden als Köder gewertet, wenn die Mitarbeiter die Aufgabe selbst als sinnlos empfanden.

Es gibt jedoch auch Menschen, die bereits seit einiger Zeit auf dem Weg sind und sich mit ihren wirklichen Schöpfungsmöglichkeiten beschäftigen. Sie stellen sich die Frage nach ihrem Lebensauftrag, der ihnen von Anfang an mitgegeben wurde und den sie im Laufe der Zeit vergessen haben. Ist jedoch die Idee in ihrem Herzen wiederentdeckt, formt sich relativ schnell ein neues Bewusstsein und damit ein neues Berufsziel. Doch ein Ja als Antwort auf den Ruf im Herzen sowie der Mut, der ureigenen und immer schon feststehenden Berufung zu folgen, erfordert zusätzlich einen ebenfalls mutigen Schritt in Richtung Freiheit und Selbstverantwortung. Und dies konsequent zu Ende denken heißt, auf die innere Stimme zu hören und etwas Neues zu erschaffen, das nicht immer in die Landschaft von Planstellen und Stellenbeschreibungen passen muss. Nicht selten stellt sich einem zudem das Gefühl der Angst als Gegner in den Weg. Doch dieses Buch möchte Sie ermutigen, weiterzugehen und zu sehen, dass es durchaus Möglichkeiten gibt, die Probleme zu bewältigen.

In Deutschland gibt es im Vergleich zu anderen Ländern wenig Pioniergeist in Form von Wechselwilligkeit und Gründungsvorhaben.

Die Medien berichten seit Jahren immer wieder darüber. Doch die strukturelle Arbeitslosigkeit und die Folgen der Globalisierung bewegten Arbeitslose verstärkt dazu, sich nach Alternativen umzusehen. Fördermaßnahmen und öffentliche finanzielle Unterstützungen haben viele Arbeitslose zu einer freiberuflichen Tätigkeit motiviert. Leider gibt es jedoch gerade in dieser Gruppe eine große Anzahl Gründer, die die Rückkehr in die Festanstellung antreten, weil der erwartete Erfolg ausbleibt. Mit diesem Buch wende ich mich daher auch an Menschen, die durch die unbeirrbare Konzentration auf ihre Berufung eine erfolgreichere Marktpositionierung anstreben.

Doch wie können wir unsere Berufung finden, das entdecken, was schon in unserem Herzen liegt und nur darauf wartet, verwirklicht zu werden? Ich erkannte auf meinem Weg irgendwann, dass meine Antwort auf alle Fragen in dem Glauben an eine einzige Energie liegt. Es ist eine Energie, die von Anfang an mit uns war und immer bei uns sein wird. Wie Sie den guten Geist, der Sie in Ihre berufliche Heimat tragen will, nennen, bleibt Ihnen überlassen, manche sagen dazu *universelle Lebensenergie* oder *kosmische Schöpferkraft*. Tatsache ist jedoch: Diese liebende, unsichtbare Kraft ist immer für Sie da. Mit diesem Bewusstsein können Sie sich einen Beruf erschaffen, in dem sich Ihre Berufung widerspiegelt.

Der spirituelle Berufscoach als Pilgerbegleiter

Vor einigen Jahren beschloss ich, den Jakobsweg zu gehen. Die Menschen in meiner Umgebung schauten irritiert und skeptisch drein, als ich ihnen davon erzählte. Der Kult um den Jakobsweg durch den berühmten Komiker Hape Kerkeling war in Deutschland damals noch nicht geboren, und vielen meiner Kollegen und Freunden war der Pilgerweg im Norden Spaniens nicht einmal bekannt gewesen. Pilgertouren waren zur damaligen Zeit nur etwas für fromme Büßer.

Zwar wurde ich 1963 im katholischen Köln geboren und interessierte mich schon in der Kindheit mehr für den Dom als für den Karneval. Doch waren meine Motive für den Pilgerweg nach Santiago de Compostela zunächst nicht unbedingt religiöser Natur. Eine Frage brannte vielmehr bereits seit vielen Jahren heiß unter meinen Nägeln, und ich spürte, dass die Antwort darauf in der Luft lag. Ich wollte endlich wissen, was ich wirklich mit meinem Leben anfangen wollte. Was ich nicht wollte, wusste ich, wie die meisten, ganz genau, längst hatte ich begriffen, dass meine Berufswahl, meine Ausbildungen in der Jugend und im jungen Erwachsenenalter keine Herzensangelegenheiten gewesen waren. Ich hatte fast jeden Quadratmeter meines bisherigen Berufslebens auseinandergenommen, beleuchtet und wieder zusammengefügt, doch die Entdeckungen waren nicht überzeugend. Dann las ich Shirley MacLaines Buch *Der*

Jakobsweg: Eine spirituelle Reise, und mein Entschluss stand fest: An dem Ort, wo die Sterne ganz besonders günstig für den fragenden Pilger stehen, wollte ich meine Antworten finden. Mir war klar, dass es eine wesentliche Aufgabe ist, der inneren Stimme zu folgen und sich auf die Suche zu begeben. In der Stille des Camino werden seit Jahrhunderten immer wieder die gleichen Fragen gestellt. "Womit möchtest du deinem Leben Tiefe schenken?" "Womit willst du den Rest deines Lebens verbringen?"

Auf den ersten Blick erscheinen die Fragen einfach. Die Antworten waren es auch. Und doch brauchte es Tränen und Blasen, bis ich die Antwort für mich fand, die Antwort, die mich gleichzeitig auch zur Freude und zur Liebe führte: Ich bin ein Pilgerbegleiter. Die Pilgerschaft selbst, die Geschichten um den Pilger hatten mich stets begeistert. Immer floss während meiner Tätigkeiten dann die meiste Energie, wenn ich Menschen begleitete, befragte und sie intuitiv beim Findungsprozess unterstützte. Leuchtete die Seele eines Menschen dadurch, dass ich zuhörte, motivierte und zu Lösungsmöglichkeiten beitrug, schwappte eine euphorische Welle in mir hoch. Die Freude über eine Gehaltserhöhung oder eine erfolgreich bewältigte Klausur im Studium fühlte sich dagegen vergleichsweise mickrig an.

Die Wahl meiner Berufsausbildung, meines Studienfaches und der anschließenden Aufgaben war eine Antwort auf die realen Perspektiven am Arbeitsmarkt gewesen, eine Verstandesentscheidung. Einen Beruf, einen akademischen Grad oder selbst einen Doktortitel erwirbt man, sofern die Fähigkeiten ausreichen und das Umfeld die Möglichkeiten dazu bietet. Eine Berufung dagegen braucht eigentlich gar nicht gefunden zu werden, weil sie schon immer da war, ist und stets bleibt.

Nie zuvor war ich mir so sicher, dass es in der Folge darum gehen muss, Herz und Verstand, Berufung und Berufswahl harmonisch miteinander zu vereinen, wie auf dem Jakobsweg. Das wiedergewonnene Bild vom Pilgerbegleiter hatte etwas wunderbar Lichtvolles. Doch wie konnte man daraus eine neue und alltagstaugliche Perspektive entwickeln? Die Verknüpfung der Berufung mit meiner bisherigen beruflichen Biografie sollte für mich zum Lösungsschlüssel werden. Voraussetzung dafür war das geduldige Annehmen meines bisherigen Weges, der zuletzt wie eine Zitrone geschmeckt hatte.

⊙

Wenn Zahlen sprechen

Zum Zeitpunkt meiner Berufungsklärung war ich Fachmanager in der Finanz- und Bankenwelt. Mit dem Zusammenfassen der Bilanzen vieler Gesellschaften zu einem einzigen großen Konzernabschluss verdiente ich mein Brot. Die Zahlen der Geschäftsberichte zum Sprechen zu bringen, hatte ich in den Abschlussperioden gelernt. Als Betriebswirt wurde ich darin ausgebildet, in den Kategorien von Soll und Haben zu denken, und komplexe Sachverhalte auf buchhalterische Weise zu vereinfachen sowie verständlich zu machen, machte mir ebenso Freude wie Planungsaufgaben. Die konstant wiederkehrenden Arbeitsroutinen und die Arbeitsplatzsicherheit kamen mir in den Aufbaujahren und in den Zeiten der Familiengründung und Kindererziehung entgegen.

Ab Mitte dreißig allerdings fühlte ich eine innere Unruhe bei der Ausübung meines von Bildschirmarbeit geprägten Berufes. Wo war meine Seele bei der Arbeit? Und: Wie innen – so außen. Im Kollegenkreis brodelte es schon unter der Oberfläche. Ein verkrusteter Führungsstil und das hektische Gewinnstreben in der Bankenwelt lösten auch in mir den Wunsch nach Erneuerung aus.

In den Monaten nach dem Jakobsweg wurden die ersten grundlegenden Aspekte klar: Die Berufungsfrage ist die Kardinalsfrage – und nicht nur für mich. Die Frage nach der Herzensberufung, einem vom Schicksal vorgegebenen Weg, faszinierte mich seit langem, sowohl in meinen theoretischen Studien der Theologie als auch in den Geschichten und Legenden rund um spirituelle Lehrer aus vergangenen

Zeiten. "Was willst du wirklich?" Nach Hause zurückgekehrt verbarg ich noch eine Weile meinen Entschluss. Doch es zeigte sich auch in meiner beruflichen Umgebung, wie groß das Interesse an der Berufungsfrage war. Immer wieder wurde ich gefragt, ob eine schmerzhafte und körperlich anstrengende Erfahrung nötig ist, um sich selbst und die Berufung zu finden. Gibt es nicht einen einfacheren Weg zur Berufung? Sprechen nicht die spirituellen Lehrer auch von der Leichtigkeit des Seins? Worin unterscheidet sich der Jakobsweg von anderen Wegen der Kontemplation, der Einkehr und der Stille?

Die Antworten auf diese Fragen sollten für mich schon bald kommen, als ich Angelika Gulder kennen lernte, die bereits viele Jahre zuvor einen sehr erfolgreichen Ratgeber zur Berufszielfindung geschrieben hatte (*Finde den Job, der dich glücklich macht,* Frankfurt 2004) und mit ihren Workshops bereits unzählige berufstätige Menschen in neue berufliche Aufgaben begleitet hatte. Die von ihr entwickelte Methode "Karriere-Navigator" brachte meine neue berufliche Ausrichtung auf den Punkt. Frühere berufliche Aktivitäten, die ich als nutzlose Zeitverschwendung angesehen hatte, bekamen wieder einen Sinn. Meine kaufmännische Biographie würde ebenso eine tragende Rolle bei der Entwicklung der Geschäftsidee spielen wie die Berücksichtigung ganz bestimmter Persönlichkeitsaspekte. Aber noch fehlte etwas, was ich später *Berufungs-SOG* nennen würde.

Pioniergeist und Alleinstellungsmerkmal

Der Gründergeist hatte mich jedoch noch nicht gepackt, vielmehr stellte ich mir die Frage: Welche Rolle spielt der Ruf, und wessen Ruf folgen wir? Für mich ist es der Ruf der Universalenergie, der Ruf der Seele oder des Höheren Selbst. Die Berufung gleicht einem feststehenden Auftrag, mit dem ein Mensch auf die Welt kommt und für dessen Erfüllung er bestimmte Fähigkeiten, Talente und Stärken mitbringt. Und der Ruf, der Aufruf, diese endlich zu verwirklichen, ist nicht irgendwo draußen im Weltall oder an einem Pilgerziel zu vernehmen, nein, er tönt aus der Tiefe Ihrer Seele. Dort finden Sie auch Ihre "Goldmine", Ihr Reservoir an Fähigkeiten, mit denen Sie Ihr Lebensziel spielerisch erreichen können.

Meine endgültige Entscheidung fiel zu dem Zeitpunkt, als sich der Tod meines Vaters ankündigte. Er lebte meiner Ansicht nach voll und ganz in seiner Berufung, weil er konsequent seine Liebe zur Freiheit lebte und dafür seine Angst annahm. Er war 60 Jahre lang mit Leidenschaft Friseur und selbstständig, und sein kleines Unternehmen und seine Kunden waren die Quelle für seine Lebensfreude gewesen. Wie er seinen Beruf, seine Berufswahl und seine Berufung liebte, wurde mir in der jahrelangen Periode seines Sterbens besonders bewusst. Der Groschen fiel bei mir, als die Erkenntnis in mir reifte, dass wir voller Vertrauen springen können, ich wusste mit absoluter Sicherheit, dass ich nicht tiefer fallen kann als in die Hände der Ewigkeit.

Damit konnte ich leben, und ich erschuf fortan für mich das Bild von einem Leben als eigener Schöpfer. Ich realisierte, dass Spiritualität und Arbeitswelt sich nicht ausschließen, sondern dass ich Spiritualität im Arbeitsalltag in erster Linie dann leben kann, wenn ich meiner Berufung nachgehe. Alles ist Energie, und somit ist die Energie der Liebe, die aus der Berufung entspringt, der Berufungs-SOG, der dem Schöpfungsprozess die nötige Kraft verleiht.

Also nahm ich den Markt und seine Möglichkeiten unter die Lupe. Ich sah, wie viele andere Existenzgründer, der Tatsache ins Auge, dass ich nicht der Erste war, und zunächst schien es mir, als sei ein weiterer beratender Betriebswirt, Coach oder Unternehmensberater einer zu viel. Wird ein neues Angebot wahrgenommen, wenn es sich von den erfahrenen Mitbewerbern kaum unterscheidet? Braucht es nicht eine ganz verrückte Innovation oder Geschäftsidee, um wirklich Erfolg zu haben? Mein ganzheitlicher spiritueller Weg lieferte schnell die Antwort: Wir sind zwar alle eins, aber dennoch ist jeder anders.

Mittlerweile wusste ich, dass es darum geht, die Widersprüche auszuhalten. Mit dem Bewusstsein der Dankbarkeit betrachtete ich fortan meine Stärken und Ressourcen, meine Lieblingsthemen und meine Berufung. Die Visualisierung half mir dabei, den Wünschen Kraft und Ausdruck zu geben. Damit war die Grundlage für die Gründung des spirituellen Berufscoachings gelegt, das nicht auf einer gigantischen Innovation, sondern ganz einfach auf meinem Alleinstellungsmerkmal beruht. "Alleinstellungsmerkmal" bedeutet dabei nicht die Rückkehr zum Fegefeuer der Eitelkeiten, sondern jeder Mensch ist bei genauer Bestandsaufnahme all seiner Facetten etwas Einzigartiges, und daraus entsteht etwas, das ihn von anderen unterscheidet. Bei mir wurde es das spirituelle Berufscoaching!

⊙

Was ist spirituelles Berufscoaching?

Menschen, die in ihrem Beruf nicht ihre Berufung leben, sind oft energielos. Vielleicht haben Sie bereits bemerkt, dass Sie ohne Ihr tägliches Quantum an Kaffee kaum genug Antrieb aufbringen, um zum Kopierer zu gehen. Vielleicht sind Sie der Arbeit auch ganz ferngeblieben und haben es auf eine Erkältung geschoben.

Solche und weit schwerere Symptome sowohl körperlicher als auch psychischer Natur werden von Ärzten, Heilpraktikern, Therapeuten und den verschiedensten Gesundheitsexperten behandelt. Es ist meiner Meinung nach wichtig, dass Sie Ihre Psyche und Ihren Körper mit Hilfe der genannten Experten besser verstehen lernen. Spirituelles Berufscoaching steht weder wissenschaftlich fundierter Humanpsychologie noch ganzheitlichen Heilungskonzepten abwehrend gegenüber. Spirituelles Berufscoaching ist ohnehin grundsätzlich keine therapeutische Arbeit und keine Heilarbeit.

Wenn sie ein eher religiöser Mensch sind und wertvolle Erfahrungen mit geistlichen Übungen und Exerzitien gemacht haben, dann wissen Sie vielleicht, dass diese sowohl helfen können, den Glauben und die Glaubenspraxis zu vertiefen, als auch in der Stille dem eigenen Berufungsweg auf die Spur zu kommen. In meinem Dienst als Seelsorger begegneten mir einige intuitive geistliche Begleiter, und ihre Arbeit hat meist großen Respekt verdient.

Spirituelles Berufscoaching betont den Aspekt der Freiheit und der Individualität. Ist ein Berater selbst unkündbar und nach Kirchenrecht besoldet, wird er Ihre Mühen und Ihr Anliegen mangels eigener praktischer Erfahrung aus Wirtschaft und Verwaltung manchmal schwer nachvollziehen können. Anders beim spirituellen Berufscoaching, das, wie die meisten Coachingarten, davon profitiert, dass den Coach praktische Kenntnisse der Betriebswirtschaft und psychologische Methodenkompetenz auszeichnen.

Im personalen Dienstleistungssektor gibt es eine Vielzahl von Beratungsfeldern, die das psychosoziale Lebensfeld des Ratsuchenden integrieren. Wissen Sie genau, was Sie wollen, und ist dadurch Ihr Beratungsbedarf präzise formuliert, können Ihnen mitunter Experten aus einer Branche oder auf einem Spezialgebiet gut weiterhelfen, ohne dass sie es an Einfühlungsvermögen und Menschenkenntnis fehlen lassen. Stehen Sie aber vor einem Knäuel an privaten und beruflichen Fragestellungen, die Sie mit Hilfe Ihres Schöpferglaubens zu einem eigenen Programm verbinden wollen, ist spirituelles Berufscoaching ein passendes ganzheitliches Angebot.

Kernthematik

Das Kernanliegen des spirituellen Berufscoachings liegt in den Antworten auf die folgenden Fragen: "Was möchten Sie in Ihrem Leben verwirklichen?" "Sind Ihre Visionen und inneren Stimmen klar genug, um sie in Ihr Leben zu bringen?" "Wollen Sie den Glauben entwickeln, dass die Wünsche auch Wirklichkeit werden können?" "Sind Sie bereit, auf die Kräfte im Universum zu vertrauen, die Ihnen beim Realisieren Ihrer Wünsche helfen wollen?"

Die eigene Berufung zu entdecken ist das eine. Zusätzlich ist eine Geisteshaltung dienlich, die die oben aufgeführten Fragen mit Ja beantworten würde, um die Berufung im Leben sichtbar werden zu lassen – mit konkreten Ergebnissen. Die Ziel- und Ergebnisorientierung im Beratungsprozess berücksichtigt sowohl die Gesetze der Ökonomie und Psychologie als auch die Gesetze der Spiritualität. Meine Berufung ist geprägt von der Sichtweise von Jesus, dem Mann aus Nazareth, der das heute berühmt gewordene Gesetz der Anziehung als frohe Botschaft bezeichnete. Spirituelles Berufscoaching überträgt jedoch kein religiöses Glaubensbekenntnis in das Berufsleben, sondern es verbindet Berufung, Begeisterung und Business mit dem Erreichen von Effektivität und Glück – und das besonders in beruflichen Umbruchsituationen.

Der erste Beruf ist selten die Berufung

*»Du sollst deinen Nächsten lieben
wie dich selbst.«*

(MK 12,31,1)

⊙

Die richtige Berufswahl ist nicht die Berufung

Berufswahl erfordert Realitätsnähe

An der Berufung scheiden sich die Geister. Woran liegt es, dass das Wort "Berufung" von vielen als recht mysteriös eingestuft und mit viel Skepsis betrachtet wird? "Das Wort 'Berufung' entzieht sich der Realität und beschreibt einen Sollzustand, den es in dieser Welt überhaupt nicht gibt!" So in etwa möchte ich den Grundtenor eines Leserbriefes einer Unternehmensberaterin wiedergeben, den ich kürzlich auf einen Onlineartikel hin erhielt. Die Suche nach der richtigen Berufswahl sei, so ihre Meinung, eine tendenziell lebenserhaltende Entscheidung in komplexen, sich ständig verändernden Märkten. Sie forderte mich unmissverständlich auf, den Mythos Berufung aus der Coachingliteratur fernzuhalten. "Wodurch Sie sich beseelt fühlen, ist zweifelsohne Ihre Privatsache und hat in der Welt der Ökonomie nichts verloren. Im Coaching selbst geht es um eine wissenschaftlich fundierte Beratungspraxis mit dem Ziel, Fachkräften, Managern und Unternehmern in ihrer Entscheidungspraxis zu helfen. Der Zweck heiligt die Mittel, und als solches ist Psychologie in der Realität zu werten – nicht mehr und nicht weniger", schrieb sie.

Die Leserin brachte die Sichtweise einiger so genannter Realisten auf den Punkt: "Die Berufung ist etwas für Idealisten. Wer

verantwortungsbewusst an der gesellschaftlichen Arbeitsteilung teil-
nimmt, nähert sich der Realität und wählt einen Beruf zum
Broterwerb!"

Das Hobby zum Beruf machen – das ist die Assoziation, die oft
mit der Vorstellung von einer gefundenen Berufung in Verbindung
gebracht wird. "Wenn ich im Lotto gewinne, dann kaufe ich mir
eine Farm und bin den ganzen Tag mit meinen Tieren zusammen",
erzählte mir einmal eine Kundin mit leuchtenden Augen. Als sie
mir von diesem Lottotraum erzählte, wirkte sie vital und lebendig.
Die Natur und die Tiere beschrieb sie in den schönsten Farben,
doch das Licht in ihren Augen verdunkelte sich, als wir auf ihre
Berufswahl im Alter von sechzehn zu sprechen kamen.

Die Steuerfachangestellte lebte zum Zeitpunkt unseres Gespräches
schon mehr als zwanzig Jahre in einer Frankfurter Vorstadt und
spielte genauso lange Lotto. Lotto und der Traum vom (unerreichbaren)
Glück auf der Farm gehörten für sie unzertrennlich zusammen. "In
meinem Beruf bleibt man auf dem Teppich!", sagte sie in einer
Mischung aus Aufrichtigkeit und Selbstironie. Für ihre Leidenschaft,
die Tiere und ihre Besuche im Frankfurter Zoo, blieb nur wenig
Zeit. Selbst die Anschaffung einer Katze, die sie sich seit Jahren
wünschte, ließ der kraftaufreibende Tagesablauf nicht zu. Ihre
Tierliebe war so ausgeprägt, dass sie einem Tier ihre lange Abwesenheit
durch die Arbeit nicht zumuten wollte. "Erst die Arbeit, dann das
Vergnügen!", so beschrieb sie scheinbar innerlich aufgeräumt ihren
tiefen Glaubenssatz und deutete an, dass sie sich ihre Herzenswünsche
in ferner Zukunft nach der Pensionierung erfüllen würde.

So ergeht es vielen Arbeitnehmern. Sie opfern ihre Ideale und
ihre Leidenschaft einem Leben, das ihnen jegliche Energie raubt.
Überleben statt leben könnte man meinen, wenn nicht das Argument
von Wirtschaftsvertretern immer wieder im Raum stehen würde, die
davon sprechen, dass die Deutschen mit zu viel Freizeit verwöhnt
werden. Dem möchte ich meine Beobachtung entgegenhalten, dass

die Freizeit und das Hobby meist dann an Stellenwert verlieren, wenn die Tätigkeit sowohl Einkommen als auch Freude schenkt.

Eine andere Sichtweise in Verbindung mit dem Wort Berufung findet sich bei dem Dienst an einer "großen Sache". Da draußen ist jemand, der ruft, sei es zum Dienst am Vaterland oder zum Dienst in einer Institution. Ein Kunde, der zunächst aufgrund seines äußeren und inneren Rufes Theologie studierte und sich zum Pfarrer ausbilden ließ, bekam erst Jahre nach der Berufswahl Klarheit über die damalige Entscheidungsfindung. In einer Gesprächstherapie machte er sich die Beweggründe transparent, die ihn in die schützenden Arme von "Mutter Kirche" geführt hatten. Er gestand sich ein, dass er für seine Homosexualität in der Institution einen Rahmen gefunden hatte, in dem es ihm leichter fiel, seine als Sünde verstandenen Wünsche zu verbergen. Vielmehr war es für ihn ein Aufruf, die "gottgewollte Determinante" in den Dienst einer guten Sache zu stellen. Als er mit Hilfe einer Therapie begann, sich zu seiner Sexualität zu bekennen und sich trotzdem mit ihr von seinem Gott geliebt fühlte, öffneten sich Tore, und er hinterfragte seine Berufung. "Ich fühlte mich auch dazu berufen, Genuss und Freude in einer verantwortlichen Haltung in mein Leben einzuladen." Er entschied sich deshalb zur Trennung von der Institution.

Mit der Enthüllung der Identität und der Entdeckung des Selbst hat der Ruf einer Institution oft wenig gemein. Die Berufswahl mit Anbindung an die Herzensberufung ist keine Opferstory, sondern eher eine Lovestory. Dass die nicht greifbare Liebe in der Menschheit Machtvolles und Gutes erschaffen hat, werden auch die so genannten Realisten nicht anzweifeln. Die Frage ist, wer uns in der Kindheit und in der weiteren Entwicklung den Blick auf diese Realität verstellt hat.

Die schützenden Hände der Bezugspersonen

Hatten Ihre Bezugspersonen in der Kindheit einen maßgeblichen Einfluss auf das Bild von der Welt, das Sie heute in Ihrem Kopf haben? In welcher Weise trugen Ihre Eltern, Großeltern und andere Erzieher dazu bei, dass Sie heute in einer wohltuenden Balance von Selbstliebe und Nächstenliebe leben?

Ihre Sicht der Arbeitswelt und der Berufswahl unterliegt einer Prägung, die einen Gesellschafts- und Geschichtsbezug hat. Eigene berufliche Grundüberzeugungen sind zunächst nicht aus einem freien Entwicklungs- und Lernprozess heraus zu verstehen. Die Psychologie hat im letzten Jahrhundert dem Menschen geniale Einblicke in die Welt des Verhaltens, Erlebens und Denkens gegeben. Daraus sind im Laufe der Zeit Methoden und Werkzeugkästen für Therapeuten und Berater entstanden, die uns helfen zu verstehen, warum wir auch noch im Erwachsenenalter unsere Schritte wie ferngesteuert setzen und dabei unbewusst in die Fußstapfen selbst längst verstorbener Ahnen treten.

Solange wir Kinder waren, hat es uns geholfen, in einer manchmal bedrohlich wirkenden Umgebung Halt und Orientierung zu finden. Die durch Prägungen im Kindesalter entstandenen Bewältigungsmuster und Programme, sozusagen Dateneingaben aus frühen Botschaften der Bezugspersonen, werden für Lösungsentwürfe in der Gegenwart herangezogen. Die systemische Transaktionsanalyse, begründet nach Eric Berne, hat die frühen "Einschärfungen" auf die Wechselwirkungen von Gesellschaft und inneren Prozessen zurückgeführt und daraus für die heutige Therapie- und Coaching-Praxis grundlegende Konzepte entwickelt.

Unser bisheriger Lebensplan (Skript) ist nicht das Ergebnis eines freien und unabhängigen Denk- und Gefühlsprozesses. Somit geht in den Entscheidungsprozess der Berufswahl neben klaren Fakten auch ein Gemisch aus Prägungen und gesellschaftlichem Milieu ein.

Dazu gehören auch negative und einschränkende Gedanken in Verbindung mit unangenehmen Gefühlen.

Genauso war es auch bei Klaus F. Als er zu mir ins spirituelle Berufscoaching kam, hatte er bereits innerlich beschlossen, die Fragen von Berufung und Berufswahl zu reflektieren. Sein Stammbaum war ihm gut vertraut, er konnte über die Berufe und die Entwicklung seiner Herkunftsfamilie einiges berichten, beispielsweise dass nicht nur sein Vater und Großvater Verwaltungsbeamte und Staatsdiener gewesen waren. Seine Erziehung war liebevoll und fürsorglich gewesen, aber die Eltern waren auch stets auf Anpassung, Konformität und sittlichen Umgang bedacht. Für Klaus gab es nie wirklich eine Zeit der Berufswahl, da seine Eltern bereits in den Kinderjahren die in der Familie fest verwurzelte Vorstellung transportierten, dass zu ihm am besten ein sicherer und verdienstvoller Beruf in einer Behörde passte. Neugieriges Nachspüren und Experimente, um ein Gefühl für die eigenen Gefühle und Bedürfnisse zu bekommen, wurden regelrecht unterbunden und als Spinnerei abgewertet. Was für ihn anziehend und bedeutend war, das, was sich für ihn gut anfühlte, wagte er seinen Eltern erst gar nicht zu sagen. Eines Tages in seinem letzten Schuljahr sagte sein Vater ganz unvermittelt: "Nächste Woche treffen wir beide uns mit meinem Freund Kurt und sprechen über deine Ausbildung beim Finanzamt!"

Zwar war Klaus ein wenig überrascht und hatte das Verhalten seines Vaters als Übergriff empfunden, einen offenen Widerspruch hätte er jedoch nie gewagt. "Meine Eltern haben mich stets zu Pflichtgefühl, Sparsamkeit und Zurückhaltung erzogen. Die Unterstützung meines Vaters war mir stets gewiss, und ich wusste, dass er es gut mit mir meinte. Nach dem Krieg haben meine Eltern harte Aufbauarbeit geleistet und lange für das Haus gespart. Ein sicherer Arbeitsplatz war dazu die beste Grundlage." Und für die Eltern gab es nie einen Grund zur Klage. Klaus machte eine erstklassige

Ausbildung, studierte später an der Finanzhochschule und seine Eltern waren von Stolz erfüllt, als er heiratete und eine Familie gründete. Doch wo lag seine wirkliche Leidenschaft?

Abgrenzung vom Hobby

Nichts von dem, was Klaus wirklich ausmachte, konnte er in seinen Verwaltungsberuf einbringen. Von Kindheit an galt seine große Liebe der Eisenbahn. "Ich stand bereits als kleiner Junge andächtig an der Bahnstrecke in der Nähe meines Elternhauses und wollte unterwegs sein. Mich interessierten die Lokomotiven und Züge, die ferne Kulturen und Länder miteinander verbanden. Mein zentrales Interesse galt immer dem Schienennetz dieser Welt." Und weil der Hunger und der Durst nach dieser Leidenschaft immer größer wurden, gab es für ihn in seiner Freizeit kaum etwas anderes als Bahnhöfe, Schranken oder Streckenpläne. Als die Zeit der Jugend mit Modellbahnen im Kinderzimmer vorbei war, verbrachte er seine Ferien auf allen Kontinenten dieser Erde – und natürlich war er vorrangig auf den Schienen unterwegs.

Ein Gemisch aus freudiger Bewunderung und gleichzeitigem Erschrecken berührte mich, als er mir minutiös darlegen konnte, wie häufig er bereits per Zug den Erdball umrundet hatte. Ein warmherziger und durch seine Begeisterungsfähigkeit elektrisierender Mann in mittleren Jahren konnte Freude empfinden wie ein Brautpaar kurz vor der Hochzeit, wenn er an Züge dachte.

Nur war ich nicht Eventmanager, sondern Berufscoach, und Klaus wusste, warum er gekommen war. Die Zeiten zwischen seinen Reisen wurden gefühlt immer länger, und er fühlte eine zunehmende Abhängigkeit von seinem Hobby sowie eine kontinuierliche Ermüdung in seinem Beruf. Seine Gesichtszüge veränderten sich in dem Augenblick, als sein tägliches Tun Gesprächsthema wurde. Als Beamter im höheren Dienst war es für ihn unmöglich, sich seiner Berufung, Berufszielfindung und Neuorientierung zu öffnen. Sein Sicherheitsdenken und sein Status als Beamter waren seit seiner Jugend fest in ihm verwurzelt.

Klaus setzte das Berufscoaching nicht fort, erkrankte wenig später und ging in den Vorruhestand. Ihm erging es wie vielen anderen Berufstätigen, die die ungelöste Berufungsthematik nicht als eigentliche Krankheitsursache erkennen. Psychologen, Ärzte und Kurkliniken diagnostizieren Neurosen, Depressionen und andere psychosomatische Beschwerden, die mitunter zu einer vollkommenen Arbeitsunfähigkeit führen können. Weil Berufstätige an den alten Gedanken festhalten und in den ungeliebten Job zurückkehren wollen, lassen Sie sich für das weitere Überleben fit machen. Oft wird ein Bewusstsein für die so genannte Work-Life-Balance geschaffen, eine innere Ausgewogenheit, gegründet auf der Aussicht auf ein tröstliches Leben jenseits der Arbeitswelt. Die längere Lebenserwartung und die Zeit nach dem aktiven Berufsleben scheinen der einzige Silberstreifen am Horizont zu sein. Dieses Entweder-oder-Denken entspricht der Vorstellung, dass es eine räumliche und zeitliche Grenze zwischen den Lebensaufgaben gibt.

Das »Sowohl-als-auch-Denken«

Mit der Berufung ist weder der Rückzug in ein Hobby noch der selbstlose Dienst an der Gemeinschaft gemeint. Die Berufung ist weder der Geistlichkeit, der geistigen Elite noch einigen wenigen Ausnahmetalenten vorbehalten. Nicht jeder von uns ist zum Nobelpreisträger oder Medienstar geboren, aber jeder hat eine Berufung, weil meiner Grundüberzeugung nach alle Menschen Teil des einen Universums sind. Wir sind ein Teil der universalen Energie und haben den klaren Auftrag, uns in Freiheit selbst beruflich zu erschaffen.

Deshalb kann diese Energie nicht vor den Werkstoren haltmachen, weil es die Energie selbst ist, die Produktionsbänder antreibt und Computer mit Daten füllt. Grenzen sind gedankliche Konstruktionen und Vorstellungen, die es in der Wirklichkeit des Universums nicht gibt. Die Berufung zu finden und zu leben ist ein Schöpfungsprozess. Die Berufung steht nicht still, sondern sie durchdringt jeden Bereich unseres Lebens.

Wohlstand und Freude widersprechen sich nicht. Berufung und Berufswahl, Verstand und Herz sind zwei Seiten der einen Medaille. In der Berufung steckt die frohe Botschaft, dass es die Wahl zwischen Geld und Liebe nicht gibt. Beides ist Energie und gehört zusammen. Somit hat die Berufung stets zum Inhalt, ein gutes Auskommen und eine sinn- und freudvolle Tätigkeit, die unseren Neigungen und Fähigkeiten entspricht, miteinander zu verbinden.

Auch Klaus bestätigte mir diese Einsicht, als ich ihn einige Zeit später wiedersah. Nun hatte er die Zeit für seine große Leidenschaft und begann, diese auszubauen. Für sein Auskommen und das seiner Familie hatte er gesorgt, und die sichere Pension als Beamter ließ ihn gelassen in die Zukunft blicken. Doch etwas Entscheidendes fehlte noch.

Berufung ist Beziehung

Klaus lebte nun seine Berufung, wie er sagte, in vollen Zügen. "Nach einiger Zeit erholte ich mich vollständig von meiner früheren Tätigkeit, und die Gewissensbisse, nicht bis zum Ende meiner Dienstzeit durchgehalten zu haben, wichen der Freude für meine neuen

Reiseprojekte. Ich konnte nun meine Freiheit ausleben und fand die Zeit für Exkursionen, die vorher nicht möglich gewesen waren.

Doch es dauerte nicht lange, bis alles etwas schal wurde. Irgendetwas war nicht so, wie ich es mir vorgestellt hatte. Ich überlegte, mit wem ich meine Leidenschaft teilen könnte, und bekam das Angebot, meine Bilder und Reiseberichte von meinen Fernreisen vorzustellen. In Altenwohnheimen, Seniorenkreisen und Liebhaberclubs weckte ich zunehmend das Interesse rund um die sehr aus der Mode gekommene Eisenbahn. Menschen, die selbst nie in der Lage sein würden, diesem Hobby nachzugehen, und es vielleicht in letzter Konsequenz auch gar nicht sein wollten, konnte ich an meiner Leidenschaft teilhaben lassen. Sie waren fasziniert von meinem doch etwas sehr verrückten Hobby, und ich spürte zunehmend, wie schön es ist, die Freude unter die Menschen zu bringen.

Die Bewohner von Altenwohnheimen haben durch meinen Diavortrag die Möglichkeit, sich zu begegnen, und nach dem Vortrag bringt meine Eisenbahnleidenschaft Menschen zusammen, die darüber diskutieren möchten. Meine Auslagen werden mir mehr als erstattet, und ich habe ja bereits finanziell gut vorgesorgt, so dass ich in der Lage bin, aus dem Herzen heraus zu geben. Meine lebendigen Vortragsreihen jedenfalls begeistern Menschen, und so darf ich sagen, dass ich meine Berufung gefunden habe."

Die Begegnungen mit Klaus haben mich gelehrt, dass die Enthüllung der Berufung mitunter Jahre dauern kann. Die Entdeckung ist ein Prozess voller Gnade und in Freiheit. Die Eisenbahn durchquert ganze Kontinente, überwindet illusorische Grenzen und fordert vom Reisenden viel Geduld und Ausdauer. Klaus hat sie bewiesen. Doch für die meisten Menschen von heute werden andere Meilensteine im Leben die Veränderung einleiten.

⊙

Die Entscheidung vor
dem Schulabschluss

Die Pubertät und der Fokus auf die Form

Die ersten konkreten Gedanken über das baldige Berufsleben machen sich viele Menschen in einer Zeit größter Umwälzung, der Pubertät. Der Körper, die äußerliche Form des Jugendlichen, verändert sich so rasant wie zuletzt im Babyalter, und die Eltern erleiden eine zweite Trotzphase ihrer Kinder, die wahrscheinlich zum Großteil auf hormonell bedingte Stimmungsschwankungen zurückzuführen ist. Durch diese Veränderungen wird das Greifbare, Sichtbare, der eigene Körper in den Mittelpunkt der Wahrnehmung gerückt. Die bis dato uneingeschränkt und kritiklos hingenommene Orientierung an den eigenen Eltern verblasst. – Ich erinnere mich noch an meine eigene, aufwühlende Teenagerzeit, in der meinem rebellisch vorgetragenen Wunsch nach mehr Freiheit und Eigenverantwortung vom Elternhaus und der Schule enge Grenzen gesetzt wurden. Diesen Abnabelungsprozess durfte ich später als Vater wieder bei meiner Tochter erleben.

Und in diese aufregende Umbruchszeit fällt meistens die Frage nach dem späteren Berufswunsch. Erinnern Sie sich noch daran, wann Sie das erste Mal gefragt wurden, was Sie denn einmal werden wollen? Eine Idee vom späteren Berufsleben gewinnt ein Schüler meistens im Alter von vierzehn bis sechzehn Jahren durch das Betriebspraktikum.

Viele meiner Kunden berichten jedoch, dass sie in der schwierigen Phase der Pubertät Praktika, Besuche beim Arbeitsamt und Vorträge von Lehrern nur ungern über sich ergehen ließen und von Beginn an keinen wirklichen Herzensbezug zum späteren Beruf aufbauen konnten. Es geschieht zudem oft, dass Jugendliche die Frage nach der Berufswahl verdrängen, bis sie kurz vor dem Schulabschluss stehen. Wenn es dann soweit ist, dass sie sich entscheiden müssen, treffen sie übereilte Entschlüsse oder müssen Wartezeiten in Kauf nehmen, bis sie einen Ausbildungsplatz finden, weil sie sich zu spät darum gekümmert haben. Manchmal nehmen sie dann das, was ihnen angeboten wird, damit sie überhaupt etwas haben.

Es gibt jedoch noch ganz andere Beweggründe, möglichst schnell berufstätig zu werden, ohne sich dabei Gedanken um die Herzens-berufung zu machen, wie z. B. bei Kerstin, die Folgendes über ihre Berufswahl als Jugendliche erzählt: "Meine Eltern waren mir damals zu spießig, und schon deshalb wollte ich mich mit ihnen möglichst wenig über die Berufswahl unterhalten. Häufig sprach gerade mein Vater von Werten, und seine sentimentale, religiöse Art war mir eher peinlich. Die Interessen meiner Kindheit hatten kaum noch eine Bedeutung, und die Freizeit verbrachte ich mit meiner Clique. Es war eine wunderbare Zeit der Gemeinschaft, aber ein gewisser Anpassungsdruck verstärkte meinen Wunsch, Geld zu verdienen. Das Shoppen mit meinen Freundinnen wurde zur Leidenschaft, und der Wunsch, zusätzliches, eigenes Geld zu verdienen, wurde übermächtig. Spätestens nach meinem Praktikum war mir klar: Ich möchte die Schule so schnell wie möglich beenden. Mich interessierten Berufe, in denen ich schon in der Ausbildung eine ordentliche Vergütung erhalten konnte. Als meine Freundin von solchen Möglichkeiten als Versicherungskauffrau erzählte, hatte ich zunächst das Ziel, mich nach der mittleren Reife um einen Ausbildungsplatz zu bewerben."

Viele Aspekte spielen bei der ersten Berufswahl eine Rolle. Durch den Wunsch nach Anerkennung und Zugehörigkeit zu einer Gemeinschaft von Menschen, mit denen man sich wohlfühlt, passt man sich oft an und lebt weniger die eigene Identität. So war es bei Kerstin, deren Clique das Shoppen so wichtig war, dass sie den Beruf zunächst nur als Möglichkeit sah, schnell viel Geld zu verdienen.

Jugendliche, deren Eltern sich ihren Ideen und Gedanken verständnisvoll annähern, so dass sie sich ernst genommen fühlen, haben den Vorteil, dass sie vielleicht schon früher eine Berufswahl treffen, bei der sie auch ihre Identität und ihre Talente berücksichtigen.

Der Weg von der Schule in den ersten Beruf

Über den Einfluss von Schule und Lehrern auf die erste Berufswahl gibt es ganz unterschiedliche Standpunkte. Immer häufiger berichten mir Lehrer, dass ihr sozialpädagogischer Anteil gewachsen sei, weil Eltern ihre Erziehungsaufgaben an die Schule delegieren. Doch ist die Frage der ersten Berufswahl bei einem Lehrer oder in den Arbeitsagenturen besser aufgehoben als in den Familien? Die Antwort ist einfach, denn ganz gewiss ist die Schule überfordert damit, eine anspruchsvolle, individuelle Begleitung für jeden einzelnen Schüler anzubieten. Es wird zudem viel Kritisches über das Schulsystem berichtet. Deutsche Bildungsabschlüsse sollen dem internationalen Vergleich nicht standhalten. Doch für die Sicherheit der Arbeitsplätze kann die Bildung nicht wichtig genug sein, so die Meinung wirtschaftsnaher Politiker.

Ich denke jedoch, dass das deutsche Schulsystem im Bildungs- sowie im Persönlichkeitssektor größere Chancen für die Entwicklung von Jugendlichen geschaffen hat. So gibt es z. B. die Möglichkeit des Schüleraustauschs mit Partnerschulen im Ausland und die Projektwochen. Jugendlichen wird es in Schulen ermöglicht, sich körperlich und persönlich zu erfahren und Selbstvertrauen aufzubauen. Der Unterricht fördert kommunikative Fähigkeiten stärker als noch vor einigen Jahrzehnten, und auch die Angebote zur Berufswahl mit Hilfe der neuen Medien sind lobenswert und bieten den Schülern einen guten Überblick über die beruflichen Möglichkeiten.

Allerdings ist das Schulsystem auch Teil einer Gesellschaft, die nach wie vor vom Leistungsprinzip beeinflusst ist. Gerade gegen Ende der Schulzeit haben Jugendliche einen immensen Leistungsdruck. Hinzu kommt, dass ihnen bewusst wird, dass sie nur überleben und sich ihre Konsumwünsche erfüllen können, wenn sie bereit sind, etwas zu leisten. Das Notensystem, das ein Konkurrenzsystem ist, bereitet die Jugendlichen schon früh auf eine Welt vor, die vom Glaubenssatz geprägt ist, dass es nicht genug für alle gibt. Mit dieser Botschaft entfernt sich das Schulsystem als Teil der Wettbewerbsgesellschaft von der Natürlichkeit und der Fülle des Lebens.

Auch für Kerstin begann der Kampf um die guten Noten, als sie erlebte, wie knapp gute Ausbildungsplätze sind. "Ich dachte damals, dass ich meine Wünsche nur durch gute Noten erfüllen könnte. Dadurch entstand ein großer Stress, denn ich hatte das Gefühl, dass es nur für wenige von uns gute Noten geben konnte, und so machte ich vor keinem Trick Halt. Meinen Mathelehrer versuchte ich zu beeindrucken, indem ich ihn anhimmelte, und mit meiner Englischlehrerin kämpfte ich um jeden Punkt. Auch meine Mitschüler verhielten sich ähnlich. Ein Mobbing im Kampf um die ersten Plätze in der Klasse und um die guten Noten begann. Am Ende war das Klima vergiftet. Jeder wurde zu einem Einzelkämpfer, man konnte keinem der Mitschüler mehr trauen. Ich spürte, dass die Schule für meine beruflichen Ziele nötig war, aber die Freude, die ich in meiner Kindheit so oft erlebt hatte, war weg. Immer häufiger wurde ich krank, und ein Spießrutenlauf mit meinen Eltern begann, denn sie glaubten, ich würde bloß simulieren. Erst als ich kurz vor der mittleren Reife richtig krank wurde, ging meinen Eltern ein Licht auf, und sie merkten, wie es wirklich um mich stand. Ich zog die Bewerbungen bei den Versicherungen zurück und meldete mich bei einer weiterführenden Schule an."

Ein weiterer Aspekt, der Jugendliche bei ihrer Berufswahl beeinflusst, ist der erste Beruf, den sie hautnah beobachten können. Dies ist meistens der Beruf des Lehrers und nicht der Beruf der Eltern. Doch wie sieht es aus mit dem "Arbeitsplatz Schule"? Wie viele Lehrer gibt es, die heute noch wirklich begeistert sind von ihrem Beruf und diesen als Berufung ansehen? Ich denke, die Krankenstände und Frühverrentungen bei Lehrern sprechen eine deutliche Sprache. Woran mag das liegen? An staatlichen Sparmaßnahmen, an negativem Denken und an den ständigen Bewertungen und Beurteilungen? Führen diese vielleicht häufig zu Stresserkrankungen? Oder ist es die öffentliche Kritik aufgrund der PISA-Studien?

Wenn die Lehrer aber nicht in der Lage sind, den Schülern die Begeisterung für ihren Beruf vorzuleben, ihnen zu zeigen, dass Arbeit auch Spaß machen kann, wie sollen sie dann lernen, dass es so sein kann? Die meisten Jugendlichen verlassen die Schule nach dem Abschluss, geprägt von dem Gedanken, dass ausschließlich Leistung und Ehrgeiz sie beruflich weiterbringen. Und so treten sie in eine neue Welt ein, in der diese Dinge tatsächlich eine große Rolle spielen: die Welt der Wirtschaft.

Die ersten Begegnungen mit der Wirtschaft

Für die Wirtschaft ist der angepasste und leistungsbereite junge Berufstätige ein ganz besonders interessanter Fall. Er hat ein offenes

Ohr für die Botschaften der Massenmedien, für Werbeikonen und für die moderne Überflussgesellschaft. Dies soll keine pauschale Kritik an der sozialen Marktwirtschaft sein, die diesem Land und der zivilisierten Welt den Wohlstand und den technischen Fortschritt gebracht hat. Innovation, Unternehmer- und Entdeckergeist sind ohne das Gewinnstreben, ohne den Anreiz und ohne das Leistungsprinzip nicht wirklich vorstellbar. Es gehört daher zur Wirtschaft, dass sie die jungen Wilden rekrutiert, die ganz besonders lern- und leistungswillig, mobil und flexibel sind.

Langsam ist jedoch auch in der Wirtschaft ein Wandel sichtbar. Es gibt immer mehr spirituelle Unternehmer, denen die dauerhafte seelische Gesundheit ihrer Mitarbeiter genauso wichtig ist, wie ihre Fachkompetenz.

Doch nun zurück zu Kerstin. In den Jahren nach ihrer mittleren Reife besuchte sie eine zweijährige Berufsfachschule und fand im Anschluss eine Ausbildungsstelle zur Versicherungskauffrau. "Zwar hatte ich bereits in der kaufmännischen Berufsfachschule erkannt, dass mich die betriebswirtschaftlichen Fächer nicht wirklich interessieren. Aber die Schwierigkeiten auf dem Ausbildungsmarkt hatten sich verschärft. Irgendwie hatte ich das Gefühl, dass es bei der hohen Arbeitslosigkeit in unserem Land nur wichtig ist, einen festen Arbeitsplatz zu haben. Ich wurde nach den aufwühlenden Jahren in meiner Pubertät deutlich ruhiger, außerdem steckte mir die Erfahrung mit meinem psychischen Zusammenbruch kurz vor der mittleren Reife in den Knochen. Angenehm fand ich auch, dass ich mir jetzt etwas aus eigener Tasche leisten konnte. Mein Ausbildungsunternehmen hatte zudem einen guten Ruf, stellte hervorragende Sozialleistungen zur Verfügung und mein Lebensstandard hätte nicht besser sein können."

An Kerstins Beispiel wird deutlich, dass den Ausbildungs- und Studienjahren manchmal ganz unauffällig die Aufbaujahre folgen, in denen sich die Werte neu ordnen und sich keine schwerwiegenden beruflichen Grundsatzfragen stellen. Es sind vielmehr Jahre der Tatkraft und der Vitalität, in denen Berufstätige die Familiengründung und die Karriereplanung forcieren.

Der Nestbautrieb fördert die Vernunft

Die Gesetze der Marktwirtschaft

Mit der Berufswahl legen wir die Grundlage für die Existenzsicherung und für erfolgreiche Aufbaujahre. Vor allem das "Weiterkommen" im Beruf hat einen hohen Stellenwert. In den Aufbaujahren kreisen viele Berufstätige gedanklich um das "goldene Kalb", weil bei Fragen der Neuorientierung der Erfolg im Vordergrund steht. Selbstverständlich setzt hier die Beratungsbranche den Schwerpunkt auf äußeres Wachstum. Die Gesellschaft gibt vor, dass bis zu einem bestimmten Geburtstag das Examen oder die erste Führungsposition erreicht sein muss, und Personalberater berichten tatsächlich, dass die Vermittelbarkeit von Fachkräften ab vierzig sprunghaft abfällt; in manchen Branchen ist das berufliche Verfallsdatum noch deutlich früher erreicht.

Nach Marktkriterien tickt die Uhr also, wenn es um Ihre berufliche Entwicklung geht. Die meisten machen sich daher in den Aufbaujahren wenig Gedanken um Themen wie Berufung und Selbstfindung, sondern der gewählte Beruf muss eher gewährleisten, dass er "die Küken im Nest" ernähren kann.

Hierbei fällt auch auf, dass es immer noch zahlreiche Familien gibt, in denen die traditionelle Rollenverteilung vorherrscht. Selten ist es die Frau, die sich mit den besseren beruflichen Argumenten durchsetzt und den Mann für die Erziehungszeit der Kinder gewinnt.

Ganz genau so war es bei Marion, die kurze Zeit nach dem Tod ihres Mannes ein Coaching begann. Nach dem Abitur hatte sie sich für ein Studium der Geologie entschieden. "Während meiner Schulzeit interessierte ich mich sehr für Mineralien, Erdgeschichte und auch für Geografie, weshalb mir die Wahl des Studienfaches recht leicht fiel. Ich habe wirklich nicht viel an die beruflichen Chancen danach gedacht, sondern mein Studienfach wählte ich nach meinen persönlichen Interessen, und ich war eine recht unbekümmerte junge Frau.

Ich habe auch nie daran geglaubt, dass ich mit meinem Studienfach Geld verdienen kann, sondern für mich stand schon früh fest, dass ich eine Familie haben möchte, und ich habe zu keinem Zeitpunkt daran gezweifelt, einen passenden Mann für mein eigentliches Ziel zu finden: Mutter zu sein. Das war mein Herzenswunsch. Für mich war es stets klar, dass ich diejenige sein würde, die sich gerne um die Kinder kümmert. Und als ich dann meinen um fünfzehn Jahre älteren Mann kennen lernte, der schon bei unserem Kennenlernen ein Unternehmen hatte und somit von vornherein als Ernährer und Vater bereitstand, manifestierte sich dieser Wunsch in meinem Leben tatsächlich. Mein Weltbild war ziemlich gefestigt, und ich sah keinen Grund, davon abzurücken. Zwei wunderbare Kinder, ein großer Freundeskreis und ein gediegenes Eigenheim gaben mir Recht."

Ob wir als Mann oder Frau geboren werden, inwieweit der Wunsch nach einer Familie in uns ist und welche Rolle wir in einer Gemeinschaft einnehmen wollen – das ist auch für die Berufswahl von großer Bedeutung.

Das Rollenverständnis

Ich wurde 18 Jahre nach dem Zweiten Weltkrieg geboren. Die Art und Weise, wie mein Vater sich im Berufsleben behauptete, beeinflusste unbewusst meine Schul- und ersten Berufsjahre. Schon als Kind musste er im vom Krieg zerstörten Berlin die Rolle des Ernährers und Machers für seine Familie übernehmen, was seine Aufbaujahre entscheidend prägte. Für ihn als Familienoberhaupt waren Wille und Kampf Tugenden, die er mit seinem beruflichen Überlebenskampf verband.

Wie meinem Vater erging es vielen. So entstand nach dem Krieg eine Gesellschaft, in der die klassische Rollenverteilung fortgesetzt wurde – mit dem Vater als Ernährer der Familie.

In der zweiten Hälfte des 20. Jahrhunderts entwickelte sich der Feminismus, der zu einer Lockerung des alten Rollenverständnisses führte. Nicht nur die Frau erweiterte ihren Blick und entdeckte neue Berufsfelder, sondern auch viele Männer waren und sind bis heute eher bereit, über das alte Rollenverständnis und das Leistungsdenken hinauszugehen und sich die Frage nach ihrer Berufung zu stellen.

Zwar fällt Frauen der Selbsterkenntnisprozess leichter, und sie sind hier immer noch deutlich in der Überzahl. Doch es gibt auch Männer, die solidarische Verbindungen untereinander eingehen, Gefühle zulassen und damit beginnen, ihre weibliche Seite zu leben, ohne dabei "Softies" zu sein. Diese Männer sitzen allerdings oft nicht in den Führungsetagen größerer Unternehmen, die immer noch ziemlich maskulin geprägt ist; wann sich dies ändern wird, ist bislang noch nicht abzusehen.

Doch damit das Thema Berufung im ökonomischen Kontext eine weitreichendere Bedeutung gewinnt, ist es notwendig, dass diese "Männerherzen" dafür gewonnen werden. Richard Rohr, Autor des Buches *Endlich Mann werden. Die Wiederentdeckung der Initiation* und amerikanischer Franziskaner, gilt als einer der führenden Autoren zum Thema des kraftvollen, jedoch auch sensiblen Mannes. Er beschreibt in seinen Schriften zur Männerforschung die zentralen Schwachpunkte männlicher Gedankengebäude. Die Seele des Mannes ruft nach Heilung, denn Kriege, Gewalttätigkeit und Umweltzerstörung entstehen vornehmlich aufgrund der negativen Gedanken von

Männern. Es wäre aber verfehlt zu glauben, Männer würden weniger unter den Ergebnissen dieser Entwicklungen leiden als Frauen.

Frank begann das Coaching nach einem mehrwöchigen psychosomatischen Klinikaufenthalt. "Endlich habe ich mal meine überdrehte und kämpferische Kopfmaschine anhalten können", meinte er zu Beginn. Als er sich seines bisherigen Rollenverständnisses bewusst wurde, beschrieb er seine Denkgewohnheiten von gestern: "Ich bin in wohlhabenden Verhältnissen aufgewachsen, und die Rollen waren zwischen meinen beiden Schwestern und mir klar verteilt. Ganz unabhängig davon, wer von uns drei Geschwistern gute Noten mit nach Hause brachte: Für meinen Vater war klar, dass zuerst in meine Schulausbildung Geld gesteckt wurde. Meine Eltern haben mich gezielt gefördert und stets ihre Beziehungen spielen lassen. Mein Vater half mir, Kontakte zum Sportverein und zur Studentenverbindung aufzubauen, die für meine berufliche Laufbahn sehr hilfreich waren. Somit wollte ich ihre Erwartungen auch nicht enttäuschen, und mit Pflichtbewusstsein und energischem Durchsetzungsvermögen legte ich eine hervorragende berufliche Laufbahn hin."

Männer reagieren abwehrend und befürchten die seelische Kastration, sobald das Gespräch auf die Integration von weiblichen Anteilen kommt. Aber sobald die Stricke der Kontrolle gerissen waren, erkannte Frank, dass es für ihn eine Antwort jenseits von Rollen und Institutionen geben musste. "Ich möchte eine Arbeit finden, woran mein Herz als Mann hängt", sagt Frank, der bei einer größeren Bank arbeitete, und machte damit deutlich, dass seine bisherigen Aufgaben in der Welt der Türme und Institutionen nicht seinem Herzen entsprachen.

Image contra Berufung

Die Welt der Türme

So wie Frank ergeht es vielen. Ich lebe seit Jahren am Rande der Großstadt Frankfurt, und bei Spaziergängen über die Felder betrachte ich in der Ferne die Skyline von "Mainhattan", wie die Stadt am Main gerne genannt wird. Bis zur weltweiten Finanzkrise setzte der Wettlauf um den höchsten Wolkenkratzer das äußerlich sichtbare Zeichen für Erfolg und Macht. Der Ruf, die attraktivsten Einkommensperspektiven zu bieten, hat die Finanz- und Verwaltungsmetropolen generell zu Wohn- und Arbeitsorten erster Wahl werden lassen. Die Frage nach Geld und Status ist hier meistens wichtiger als die Frage nach der Berufung. So war es auch bei Jutta.

"Wer nichts hat, kann auch nichts verlieren!", teilte mir Jutta mit, als wir auf ihr zögerliches Handeln zu sprechen kamen. Jutta wusste bereits zu Beginn ihres Studiums der Betriebswirtschaft, dass ihr das Studienfach selbst und die anschließenden beruflichen Möglichkeiten wenig Freude schenken würden. Das bestätigte sich auch in ihren Nebenjobs, mit denen sie sich während des Studiums finanziell allerdings gut versorgen konnte. Aufgrund ihrer schnellen Auffassungsgabe und ihres scharfen Verstandes schloss sie mit einem Prädikatsexamen ab.

Doch kurz vor Ende des Studiums kam ihr noch einmal flüchtig der Gedanke an eine Neuausrichtung, als sie wegen einer hartnäckigen Hautkrankheit häufiger den Heilpraktiker aufsuchen musste. "Der Heilpraktiker stellte Fragen, die mich nachdenklich werden ließen.

Aber ich hatte bereits die Einladung zu einem Vorstellungsgespräch, und als ich das erste Mal in der Firmenzentrale war, stockte mein Atem. Alle Zweifel waren verflogen, als ich das repräsentative Bürogebäude, die gut angezogenen Mitarbeiter und die stilvollen Möbel sah. Für eine gewisse Zeit fühlte ich mich wie im Paradies. Neben dem erfreulichen Finanzsegen, der mich am Ende des Monats erwartete, freute ich mich über eine tolle betriebliche Infrastruktur. Das Unternehmen verfügte über ein großes Weiterbildungsprogramm, durch das ich meine kommunikativen und rhetorischen Fähigkeiten richtig ausbauen konnte. Ich wurde eine Beziehungsexpertin, und es gelang mir auf diesem Weg, ein Netzwerk aufzubauen, das meiner Karriere durchaus zugutekam. Mein Augenmerk war immer auf das gerichtet, was mir half, gesehen zu werden."

Durch ihre erfolgreiche Arbeit hatte sie sich ein hohes Einkommen erarbeitet, das ihr sowohl im Unternehmen als auch in ihrer privaten Umgebung einen gewissen Status ermöglichte.

Statussymbole binden Mitarbeiter jedoch an ihre Unternehmen und wirken wie Klebstoff. Erst wenn die Einsicht reift, dass ein Leben mit Klebstoffen einer Sucht gleicht, werden uns die Gefängnisse bewusst, in denen wir uns befinden.

Gefangen im Prämiensystem

Jutta wurde im Rückblick deutlich, dass ihr Berufsleben vom Imagedenken geprägt gewesen war. Sie fühlte sich einerseits abhängig vom Prämiensystem und andererseits machtlos gegenüber der damals getroffenen Berufsentscheidung. "Irgendwann definierte ich mich nur noch über meine Position innerhalb der Hierarchie, die ich vor den missgünstigen Kollegen sichern musste. Die jährlichen Tantiemen wurden für mich zur Selbstverständlichkeit, und der Anreiz ließ mit der Zeit nach. Nur außergewöhnliche Leistungen zählten noch, und ich fühlte mich wenig motiviert zu zusätzlichem Engagement, wenn nicht vorher die entsprechende Belohnung versprochen wurde. Der Spruch vom goldenen Käfig machte die Runde."

In seinem Buch *Die Entscheidung liegt bei dir! Wege aus der alltäglichen Unzufriedenheit* hat Reinhard K. Sprenger ausführlich über die verhängnisvolle Wirkung von Lob geschrieben. Tatsächlich kann sich das Imagedenken nur durch Lob nähren, doch Lob ist immer nur Motivation von außen, nicht aus sich selbst heraus. Der Wert einer Arbeit bemisst sich an den bereitgestellten Deputaten. Doch was anfänglich großen Spaß gemacht hat, fühlt sich irgendwann an wie eine Tretmühle.

Sind das die ersten Anzeichen für einen notwendig gewordenen Wechsel auf die nächsthöhere Position? Hat der Vorgesetzte die letzten Projektergebnisse ausreichend gewürdigt? Es gibt viele Gründe für das erlahmende Interesse am einmal gewählten Beruf, doch die wahren Gründe dafür will man meist erst einmal nicht sehen, und man macht andere Dinge dafür verantwortlich, wie z. B. den mangelnden Teamgeist oder eine nicht effiziente Kommunikation.

Da Millionen von Menschen von dieser Unzufriedenheit infiziert sind, werden in den Unternehmen zahlreiche Fortbildungen angeboten. Das Selbsthilfesortiment in den Buchhandlungen ist riesengroß, und auch dieses Werk gehört ja dazu.

Sofern Sie die Unzufriedenheit als Epidemie bezeichnen, für die es außerhalb Ihrer eigenen Seele eine Lösung gibt, wird dieses Buch nicht der richtige Begleiter für Sie sein. Besser ist es, die Unzufriedenheit als Chance zu sehen, auch wenn Ihr Ego mit Schmerz antwortet, weil Ihr Leben begonnen hat, Sie zu fordern.

IRGENDWANN DRÄNGT ETWAS ZUR VERÄNDERUNG

»Kehrt um! Denn das Himmelreich ist nah.«

(MT 4,17,2)

Das Gefühl von Sinnlosigkeit als Auslöser der Krise

Etwas fühlt sich nicht stimmig an

Meiner Ansicht nach ist es für den Erfolg im Beruf wichtig, dass man erfüllt ist von dem, was man tut. Niemand wird bestreiten, dass die Arbeitsergebnisse auf Dauer von einer inneren Lebendigkeit abhängen. Manchmal ist man jedoch zu bequem, um etwas zu ändern, und hört auf die Betriebs- und Kommunikationspsychologie, die Krankenstände und Fluktuation mit gezielten Motivationsmethoden positiv für Arbeitnehmer und Arbeitgeber beeinflussen. Deshalb stellt sich die Orientierungsfrage für den Berufstätigen manchmal erst durch hereinbrechende Wirtschaftskrisen und Arbeitslosigkeit neu.

"Ich fühlte mich wie im Hamsterrad", erzählte Jutta. "Die berufliche Orientierungsfrage kam mir wieder in den Sinn, als die Hautproblematik zurückkehrte. Mit den Jahren verschlechterte sich meine Stimmung, und immer seltener konnte ich die früheren Annehmlichkeiten wertschätzen. Ich kehrte zurück zum Heilpraktiker und ließ mich ganzheitlich behandeln. Was auch immer das Wort 'ganzheitlich' bedeutet, ich wollte meiner Seele und meinem Geist an einem bestimmten Ort wieder Raum schenken. Die Praxis des Heilpraktikers war zunächst der einzige Ort in meinem Leben, an dem ich mir offen eingestand, dass ich wohl so etwas wie eine Seele und einen Geist habe. Nach außen war es die Hautkrankheit, die ich behandeln wollte, aber intuitiv spürte ich, dass etwas mit meinem Inneren nicht stimmte.

Für eine Weile entwickelte ich eine Abwehrhaltung, wenn mich der Heilpraktiker auf meine berufliche Situation ansprach. Wenn es so etwas wie einen Sinn für mein Leben gab, wollte ich dies schon gar nicht im beruflichen Kontext ansprechen. Für mich war die Sinnfrage ausschließlich eine private Angelegenheit. Doch auch dort entging ich ihr zunächst durch geglücktes Vermeidungsverhalten. Die sexuellen Bekanntschaften häuften sich, und ich suchte in immer neuen Hobbys nach Ablenkung, was meinem Selbstwertgefühl eine Weile guttat. Doch irgendwann musste ich einsehen, dass jeder Widerstand zwecklos war, weil ich spürte, dass ich mit diesem inneren Widerstand die Trennung von Beruf- und Privatleben nicht aufrechterhalten konnte. Ganz im Gegenteil: Mit der Zeit fühlte sich mein Job sinnentleert an, mein Engagement wurde geringer und ich fühlte mich wie ausgebrannt."

Viele Berufstätige, die aufgrund einer beruflichen Neuorientierung in mein Coaching kommen, haben mit Trainings, Seminaren und Therapien dem Verfall an Arbeitsfreude und der fehlenden Lust an der Beschäftigung über Jahre hinweg entgegengewirkt. Die Möglichkeiten hierzu sind zahlreich und für das berufliche Überleben sehr zweckmäßig. Jutta entschloss sich, sich dem Yoga als Entspannungsmethode zuzuwenden und besuchte überdies mehr als ein Jahr lang eine Psychotherapeutin.

Eines Tages sagte die Psychotherapeutin den entscheidenden Satz: "Vielleicht wäre es an der Zeit, dass Sie Ihrem Leben wieder einen tieferen Sinn geben." Jutta war zunächst nicht klar gewesen, was das für sie bedeutete. Das Wort "Sinn" hatte sie bereits häufiger von ihrer Yogalehrerin gehört, die sich mit der Logotherapie von Viktor E. Frankl auseinandersetzte. Viktor E. Frankl war ein jüdischer Psychoanalytiker, der die Zeit im Konzentrationslager überlebt und erkannt hatte, dass Krisen, Depressionen und andere psychische Erkrankungen durch Sinnlosigkeitsgefühle verursacht werden können.

Jutta erkannte, dass die Frage nach dem Sinn den Kern ihrer Thematik ausmachte. Sie war vor vielen Jahren vom Land in die Metropole gezogen, hatte eine steile Karriere gemacht und tat alles, was andere tun, um erfolgreich zu sein. Aber was für sie persönlich Sinn machte und was die Sinnfrage mit ihrem Berufsleben zu tun hatte, war ihr nicht klar gewesen. Sie erkannte, dass der Begriff einer Diskussion und einem analytischen Ansatz schwer zugänglich ist. Wesentlich war für sie, dass sie das Fehlen von Sinn in ihrem Leben noch rechtzeitig erkannt und dies als eindeutigen Ruf der Seele interpretiert hatte.

"Es machte jedenfalls keinen Sinn mehr, sich einseitig dem Business- und Unternehmenskontext zuzuwenden. Die Routine hatte ich durch Stellenwechsel, Jobrotation und Projektarbeit aufgefrischt. Durch mein Yoga und viele Spaziergänge wurde mir jedoch bewusst, dass 'Sinn' etwas Erfüllendes sein kann und dass es sich lohnt, wenn ich mich damit beschäftige, was es für mich bedeutet. Hinzu kam, dass ein Stellenabbau in dem Unternehmen, in dem ich angestellt war, die gleichzeitige Erhöhung der Managergehälter, straffe neue Hierarchien und die Gier auf Profit mir zeigten, dass die Führungskräfte nicht mehr das Ganze im Blick haben."

Die Rückkehr zur Bestimmung

Der Ausgangspunkt für die Suche nach dem Sinn im Leben ist nicht die Frage nach der Bestimmung. Die erste Frage auf dem Weg zum Sinn und zu einer sinnvollen Beschäftigung ist die Frage: Wer bist du? Das ist die zentrale Frage, die der erste Stifter im Alten Testament stellte. Und die Antwort aus dem brennenden Dornbusch lautete: *"Ich bin, der ich bin."* (Ex 3,14,2). Der brennende Dornbusch ist ein Symbol für das, was wir alle sind: Energiefelder. Das Universum selbst ist ein riesiges Energiefeld, und Sie selbst sind ein Teil davon. Für eine Zeit lang ist die Energie in Ihrem Körper gebunden, dann verlässt sie ihn wieder. Die Substanz in Ihnen, Ihre Energie, ist jedoch unvergänglich.

Sie können Ihrer beruflichen Bestimmung näher kommen, wenn Sie wissen, wer Sie sind. Sie sind ein spirituelles Wesen, weil in der Tiefe Ihres Herzens die göttliche Energie lebt, die durch Sie wahrgenommen werden möchte. Dazu ist es nie zu spät! Wie auch schon George Eliot bemerkte: "Es ist nie zu spät, das zu werden, was wir sind."

Einige meiner Kunden suchen mich auf, weil sie von einem spirituellen Berufscoach erwarten, dass er einen Beitrag zum Entdecken des Lebensauftrages leisten kann. Sie hoffen, dass dieser Lebensauftrag ein Beruf ist, in dem sie gut aufgehoben sind und viel Erfolg haben werden. Meistens wurden sie durch ihre Erziehung und ihren Werdegang so geprägt, dass dies ihre Definition von Berufung ist.

Ich glaube tatsächlich, dass jeder Mensch eine Bestimmung im spirituellen Sinne hat. Es wird Sie allerdings überraschen, wenn ich Ihnen mitteile, dass ich dabei nicht an ein konkretes Berufsbild oder die Berufswahl denke. Da es meiner Ansicht nach der Energie in Ihnen, von der ich sprach, völlig egal ist, womit Sie konkret Ihren Lebensunterhalt verdienen, spreche ich von Berufung statt von Berufswahl.

Das zentrale Anliegen von Jesus war die Ankündigung, dass das Himmelreich bereits im Jetzt da ist. Sie sind bereits jetzt ein Ebenbild des Schöpfers und somit automatisch eingeladen in den ewigen Schöpfungsprozess. Die frohe Botschaft ist deshalb froh, weil wir als Teil des gesamten Universums das in unser Leben bringen dürfen, was Freude und Liebe bedeutet. Das ist Ihre berufliche Bestimmung. Sie können jetzt in diesem Augenblick das Himmelreich auf Erden erschaffen.

Und wo ist das Himmelreich? Das Himmelreich sind Sie selbst. Die Antwort auf alle Fragen liegt in Ihnen. Sie sind ein spirituelles Wesen, und die Bestimmung liegt einzig in der Aufgabe, ein Gefühl von Freude bei dem zu entwickeln, was Sie tun.

Jutta entschied sich zu einer Auszeit von einigen Wochen und wurde von ihrer Freundin, einer Yogalehrerin, zu einer Reise nach Indien überredet. "Ich wollte mich mit einer Fernreise aufbauen, und meine Freundin überzeugte mich mit ihren Erfahrungsberichten aus Indien. 'Man sieht nur mit dem Herzen gut', sagte sie zu mir in Anspielung auf die Geschichte vom kleinen Prinzen, und tatsächlich sollte mir ein kleiner Prinz auf meiner Reise in Indien begegnen.

Selbstverständlich wusste ich von der großen Herzlichkeit der Menschen trotz ihrer Armut, doch ich musste gerade wegen Letzterer ernsthaft überlegen: Werde ich die Augen verschließen und meinen Urlaub vornehmlich in der geschützten und komfortablen Hotelanlage verbringen? Meine Angst war in den ersten Urlaubstagen schon sehr groß, und die überfüllten Straßen und Plätze wirkten sehr bedrohlich. Am Anfang lief ich nur scheu umher. Doch plötzlich wurden mir auf ganz merkwürdige Weise die Scheuklappen heruntergerissen.

Zwei herumtollende, zerzauste Kinder versperrten uns den Weg, und ich suchte fordernd den Blickkontakt zu einem der beiden Kinder. Was dann passierte, kann ich bis heute noch nicht beschreiben. Der kleine Junge lachte mich mit so freudvollen, warmen Augen an, dass der Blick mein ganzes Sein ansprach. Ich war in diesem Augenblick ganz präsent. Für einen zauberhaften Moment lang fühlte ich mich mit diesem kleinen Geschöpf aufs Tiefste verbunden. Das war es, was ich jahrelang im Yoga gesucht hatte. Jetzt war es da. Plötzlich hüpfte der Junge zu einer Mauer und griff nach einem Stock. Erschreckt erkannte ich, dass einer seiner Füße fehlte. Wenig später war er nicht mehr zu sehen. Ich sah diesen Jungen nie wieder, aber die Begegnung veränderte die folgenden Urlaubstage. Der Strom des Lebens auf den Straßen war weiterhin fast unerträglich laut, und doch fühlte ich mich wie auf einem Fest mit dem Leben verbunden."

Durch ihre Reise nach Indien machte Jutta eine wesentliche Entdeckung. Sie hatte schon viele Länder bereist, doch als sie diesem kleinen, behinderten Jungen in die funkelnden Augen schaute, erkannte sie den Glanz Indiens über den sie schon oft Menschen hatte reden hören. Der Glanz ist nicht unmittelbar sichtbar, weil Indien zu den ärmsten und chaotischsten Ländern der Erde zählt. Aber sie bekam auf ihrer Reise eine Idee von der universellen Intelligenz und die Einsicht, dass alles miteinander verbunden ist.

Der kleine Junge, der ihr begegnet war, lebte in einer anderen Kultur und sprach eine andere Sprache. "Ich ließ mich stets von äußeren Umständen, Kleidung und schönen Körpern blenden. Dieser Junge hatte nichts davon. Er war arm, krank und bestimmt auch ohne ärztliche Versorgung. Doch in seinen Augen strahlte etwas Vollendetes. Mir erschien es so, als wolle Gott mir durch diesen Jungen mitteilen, dass alle Macht im Inneren liegt. Die Augen dieses Kindes zeigten mir etwas über die Macht der Seele. Ich wusste durch meine Freundin, dass dieses Land mehr von der Macht des Unsichtbaren als von schönen Touristenzielen lebt. Auch sie fühlte eine Verbindung zu dem Jungen, sie bezeichnete die kurze Begegnung mit ihm als eine Erfahrung, die für ihren weiteren Weg mit Yoga wichtig sein sollte."

Die Energie beflügelt zur Umkehr

Es schaudert so manchen, wenn auf dem Weg zur Berufung von Umkehr und Nachfolge gesprochen wird. Ist der Weg zur Berufung erst möglich, wenn ich mich zuerst gründlich läutere und wie Jutta den weiten Weg nach Indien antrete? Oder muss ich sogar, wie es in der Bibel steht, das Kreuz auf mich nehmen, um anschließend nachfolgen zu können? Braucht es vor dem Neuanfang eine gründliche Fasten- und Reinigungskur, wie sie die Kirchen anbieten, damit ich des freudigen Festmahls würdig bin? Bleibt damit der Weg zur Berufung am Ende nicht nur denen vorbehalten, die sich schmerzhaft für ein Martyrium entschließen?

Umkehr bedeutet für mich nicht unbedingt Passion, sondern vielmehr, dass, wenn das Denken uns irgendwann beruflich in eine Richtung geführt hat, es uns somit auch wieder in eine andere Richtung, eine berufliche Neuorientierung führen kann. Jesus' Nachfolge ist ein Hinweis auf das heilige Zentrum, das in Ihnen liegt, Ihre eigene Wirklichkeit in Ihrem Herzen.

Jutta erkannte durch die Begegnung mit dem Jungen in Indien ihre bis dato vorherrschenden negativen Gedanken. Danach war sie bereit, zu Hause mit Hilfe von Yoga daran zu arbeiten. "Mir war während des Rückfluges klar geworden, dass ich mit Hilfe eines Coachings eine neue berufliche Herausforderung finden würde. Wohin die Reise gehen würde, wusste ich zu diesem Zeitpunkt noch nicht. Diese Einsicht und die Aussicht auf das Neue beflügelten meine Stimmung, und meine Nerven beruhigten sich zunehmend.

Selbstverständlich fiel mir der Einstieg in meinen Berufsalltag nach diesem Urlaub mit den neu gewonnenen Erkenntnissen besonders schwer. Aber ich beschloss, ab sofort gut mit mir umzugehen. In meinem Privatleben umgab ich mich mit angenehmen und humorvollen Menschen. So manchen unnötigen Essenstermin mit zynischen Kollegen, die gerne die Umstände in der Firma kritisierten, nahm ich dagegen bewusst nicht mehr wahr. Ich fühlte mich in meiner Abteilung auch nicht mehr für die Dinge verantwortlich, auf die ich ohnehin keinen Einfluss hatte. Dadurch entspannte sich mein Zustand. Dass ich mental besser drauf war, wirkte sich positiv auf meine Beziehungen zu anderen Menschen und auf meine Haltung gegenüber meiner damaligen Arbeitsstelle aus. Vor meinem Urlaub hatte ich nur den Gedanken gehabt, dass ich diese Arbeitsstelle loswerden wollte. Doch nach dem Erlebnis in Indien wurden die Rahmenbedingungen für mich durchaus wieder erträglicher.

Aber ich wollte weiterhin etwas anderes, und es war sehr heilsam für mich zu wissen, dass ich selbst die Wahl treffen kann, was ich beruflich mache und wie es mir dabei geht. Mehr und mehr wünschte ich mir eine neue Aufgabe, ein neues berufliches Ziel, und ich glaubte auch daran, dass ich mir diese berufliche Vision erschaffen konnte. Ich achtete darauf, dass ich Dinge dachte, die mir gut taten, und ich richtete meine Gedanken nicht mehr gegen meine Kollegen und Vorgesetzten."

Als Jutta das spirituelle Berufscoaching wählte, war eine viel wichtigere Wahl bereits getroffen worden. Ob Jutta es Umkehr, Nachfolge oder sonst wie nannte, spielte für keinen von uns eine Rolle. Sie änderte ihr Denken, so wie es sich auch Jesus von seinen Jüngern gewünscht hatte, damit die Verwirklichung der Träume möglich wird. Obwohl Juttas Traumjob noch nicht gefunden war und sie zu Beginn des Coachings immer noch am alten Arbeitsplatz saß, begann sie dem Lockruf der Freude zu folgen. Die Zeit der Veränderung war bereits da, als sie die Antennen in Richtung Universum ausrichtete und ihr Augenmerk auf das Leben legte, das vor ihr lag, um es mit Begeisterung zu genießen und um eines Tages auch in der Fülle zu leben.

Die gefühlte Lebensmitte

Irritationen angesichts der Endlichkeit

Viele Menschen betrachten die Zeit zwischen 35 und 45 als die magische Lebensmitte. Erstmals im Leben nehmen wir in dieser Zeit auch das körperliche Altern sehr viel bewusster wahr. Harry R. Moody beschreibt in seinem Buch *Sinnkrisen in der Mitte des Lebens: Spiritualität und Erfüllung. Ein Prozess in fünf Stufen* anschaulich die Entwicklungsphasen der Seele. In der Mitte des Lebens können wir eine gesteigerte Offenheit für die Botschaften der Seele beobachten. Jetzt misst man seinen inneren Impulsen, die man in der Meditation oder Kontemplation bekommt, eher eine Bedeutung bei als in jüngeren Jahren. "Wenn ich als junge Frau im heutigen Bewusstsein gewesen wäre, hätte ich den Fokus ganz bestimmt nicht so stark auf Kinder und Familie gelegt", sagt Marion, die sich nach dem Tod ihres Mannes und dem Auszug ihrer Kinder um eine neue berufliche Ausrichtung kümmert.

Warum wird die Berufungsfrage so oft in den Lebensübergängen gestellt? Ist die schmerzhafte Auseinandersetzung mit der eigenen Sterblichkeit etwa grundlegend für das Finden der Berufung? "Die Trennung von meinem Mann und gewissermaßen auch der Studienbeginn meiner Kinder hat einiges in meinem Seelenleben in Gang gesetzt. Gleichzeitig wurden meine Eltern sehr gebrechlich, und von da an hatte ich im Außen nicht mehr den gleichen Rückhalt wie zuvor. Plötzlich schaute ich häufiger in den Spiegel, und tatsächlich hatte ich das Gefühl, dass meine Falten die Halbzeit in meinem Leben anzeigten.

Mit dem regelmäßigen Besuch des Fitnessstudios halte ich mich fit. Aber ich spüre, dass der Abschied vom jugendlichen Antlitz bevorsteht. Die letzten runden Geburtstage in meinem Freundeskreis waren für mich kein Grund zur Freude, und an meinen eigenen wollte ich kaum denken. Das Ganze nagte zunehmend an meinen Nerven, und ich sah mein Leben in grauen Farben und von Routine geprägt. Sollte das denn wirklich schon alles gewesen sein?" Marion begegnete den aufdringlichen Fragen in ihrem Inneren zunächst mit Widerstand.

In der Lebensmitte hat man oft ein Gefühl der Endlichkeit, und man blickt ängstlich auf die mögliche verbleibende Lebenszeit. Eine innere Stimme ruft zur Erneuerung auf und fragt nach dem Wesentlichen. Bevor der Weg zu neuen Ufern gelingen kann, müssen wir Abschied nehmen vom Alten. In der Lebensmitte verabschieden wir in der Regel die steilen Aufbaujahre, was Frauen, da sie Gefühle deutlich besser zulassen können als Männer, häufig leichterfällt. Sie gehen gestärkt aus der Krise hervor, da sie um die reinigende Kraft der Trauer wissen.

Genau diese Erfahrungen machte Frank während seiner Zeit in der psychosomatischen Klinik: "Es dauerte viele Wochen, bis ich die befreienden Gefühle zulassen konnte. Meinem Rollenverständnis entsprechend hatte ich die Aufbaujahre über als Führungskraft und Ernährer einer Familie gut funktioniert. Wenn ich Seminare über Persönlichkeitsentwicklung besucht oder entsprechende Literatur gelesen hatte, hatte das im Wesentlichen mein Streben nach Vorwärtskommen zum Inhalt gehabt.

Erst in der Kur wurde mir bewusst, dass ich in der Vergangenheit meine Emotionen selbst vor meinen eigenen Kindern verborgen gehalten hatte. Auf Elternabenden meiner Kinder imponierte ich gerne mit meinem rhetorischen Schliff, und meinen Stolz Leiter einer großen Abteilung zu sein, konnte ich selbst vor Nachbarn nicht verbergen. Für mich war es wichtiger, wie ich gesehen wurde, als wie ich mich fühlte. Es kostet viele Nerven, um eine Abteilung erfolgreich führen zu können, doch ich habe kaum mit jemandem über meine unruhigen Träume gesprochen und darüber, dass ich schon lange unter Einschlafstörungen litt.

Immer häufiger hatte ich zudem Angst, irgendwann einmal nicht mehr vorwärtszukommen. Die Tatsache, dass nach meinem vierzigsten Geburtstag die Anzahl der Anrufe von Personalvermittlern spürbar zurückgegangen war, hatte mich beunruhigt. Da ich sehr abhängig von der Resonanz im Außen gewesen war, nagte es an meinem Selbstwertgefühl, dass die Aufstiegschancen für mich immer geringer geworden waren. Immer häufiger kam es tagsüber zu Ermüdungserscheinungen, während ich in der Nacht wenig schlief. Meine Leistungskraft verringerte sich, und mein Arzt ermahnte mich schon vor dem Nervenzusammenbruch kürzerzutreten."

Wie geht es Ihnen bei dem Gedanken ans Älterwerden? Haben Sie gelernt, Trauermomente zuzulassen? Können Sie mit dem Stimmengewirr in Ihrem Kopf umgehen? Es braucht Zeit, die Endlichkeit anzunehmen und den Gedanken an die ewige Jugend loszulassen. Wenn Sie dem Widerstand Energie geben und die Naturgesetze verdrängen, verlängern Sie lediglich die Zeit bis zum Aufbruch in den beruflichen Neuanfang. Lassen Sie die Trauermomente über die vergangene Zeit zu. In der Transaktionsanalyse wird Trauer als echtes Gefühl bezeichnet, eines, das nicht erst einer Zensur unterworfen wird. Durch die Trauer schenken Sie sich die Möglichkeit der Rückschau, der Verarbeitung des Bisherigen, und ermöglichen sich dadurch erst eine Standortbestimmung für die schöpferischen Möglichkeiten im Hier und Jetzt.

Die Illusion des Alters

Meiner Ansicht nach hat man erst durch die Auseinandersetzung mit dem Sterben einen Zugang zu den natürlichen Lebenszyklen und zur wahren Berufung. Spirituelle Meister berichten von der Grunderfahrung des Todes, die zum Leben führt. Wie die Taufe als Symbol der Wiedergeburt zum Sein das vorherige Sterben mit Jesus voraussetzt, so muss für die Berufung eine ausschließlich auf Haben ausgerichtete berufliche Orientierung sterben. Durch den reinigenden Trauerprozess werden die Prioritäten klarer.

Fragen Sie sich einmal, welche Werte Ihre bisherigen beruflichen Entscheidungen bestimmt haben. Waren die bis dato bestimmenden Kriterien nicht ohnehin von vergänglichem Wert? "Im Nachhinein war das Eingeständnis des völligen Scheiterns meine Wiedergeburt!", so berichtete mir Frank nach seinem mehrwöchigen Aufenthalt in der psychosomatischen Klinik. "Ich habe mich in den vielen Gesprächen letztendlich meinem bisherigen Leben gestellt. Als langjährige Führungskraft wurde mir dort endlich bewusst, wie wichtig die so genannte Work-Life-Balance ist. Endlich hatte ich wirklich einmal Zeit zu bilanzieren, und ich führte Tagebuch. Beim Schreiben wurden mir die viele Illusionen und Glaubenssätze deutlich, äußere Antreiber, die mich im Kern ganz bestimmt nicht ausmachten. Am Ende meiner Kur war ich sehr glücklich darüber zu leben, und der Glaube an die Unsterblichkeit meiner Seele half mir, damit umzugehen, dass ich älter werde. Den Nervenzusammenbruch, der den Kuraufenthalt erst ermöglicht hatte, sah ich nun als Segen und als Zeichen dafür an, dass ich etwas sterben lassen darf, was ohnehin nur vergänglicher Natur ist. Das, was zu mir gehört, bleibt und unterliegt keinem Alter."

Sterben bedeutet also, Altes loszulassen, was nicht mehr zu uns passt. Natürlich heißt es auch, dass wir dieses Leben irgendwann beenden und unser Körper stirbt. Der Glaube daran, dass die Seele unsterblich ist und auf einer anderen Seinsebene weiterlebt, ist tröstlich und macht Mut, sich mit dem Thema auseinanderzusetzen und den Alterungsprozess des Körpers anzunehmen. Denn die Erfahrungen mit dem Alterungsprozess und mit dem sterblichen Körper sowie der stark ausgeprägte Materialismus der ersten Lebenshälfte sind als Herausforderungen des Universums an uns zu verstehen, damit wir uns bewusst werden, wer wir sind.

Das Glas ist immer halb voll

Wie oft wurden Sie schon mit dem Bild des halb vollen oder halb leeren Glases konfrontiert? Haben Sie einsichtsvoll geschmunzelt und sich an das ein oder andere Buch zum positiven Denken erinnert?

In der ersten Lebenshälfte bestand die Aufgabe weitgehend darin, die unerfüllten Bedürfnisse zu erfüllen und den Mangel zu kompensieren. So mancher möchte sich in der Phase des Lebensüberganges noch einmal einiges erfüllen bzw. einiges nachholen, er wechselt den Partner oder gönnt sich die Reise, die in der Jugend nicht möglich war.

So beschrieb Marion eine oft anzutreffende Facette des Versuches, der eigentlichen Thematik der Midlife-Crisis zu entgehen: "Als ich die Trauer über den Tod meines Mannes überwunden hatte, wollte ich so einiges in meinem Leben ändern. Nach einer gewissen Zeit stürzte ich mich ein wenig ins Vergnügen und sogar in ein flüchtiges Abenteuer. Mit dem geerbten Geld renovierte ich das Haus und war trotzdem viel unterwegs. In gewisser Weise beflügelte mich das unverbindliche Singledasein, und ich glaubte für eine Weile, etwas nachholen zu müssen. Aber es blieb bei dem Versuch, meine Seele baumeln zu lassen."

Der Gesichtsausdruck, mit dem sie ihre Bewältigungsstrategie erzählte, signalisierte mir ihre Kurswende. Gewöhnlich ist der Nachholeffekt die Fortsetzung des Denkens in Kategorien des Mangels. In dieser Stimmungslage wird die Opferstory einfach nur weitergeschrieben, ohne dass man tatsächlich zum Meister oder zur Meisterin des eigenen Lebens wird. Marion hatte längst den Ruf vernommen, der elementarer Bestandteil jeder Berufung ist. Schon in der Bibel steht: *"Was nützt es dem Menschen, wenn er die ganze Welt gewinnt und dabei seine Seele verliert?"* (LK 9,25) Mit dem Tag jedoch, an dem Marion die Entscheidung traf, sich auf den Weg zu ihrer Berufung zu machen, richtete sie den Blick auf die Fülle in ihrer Seele.

Wir haben die Wahl, ob wir das Skript unseres Lebens neu schreiben und unser wahres Selbst finden wollen – oder nicht. Mit dem Blick auf das halb *volle* Glas erkennen wir die unsterbliche und einzigartige Essenz des Seins, auch wenn das Leben für uns noch weitere Bewährungsproben bereithält.

In Schicksalsschlägen liegen Chancen

Geisteswandel in der Grenzsituation

In der Nähe vom "Abgrund" rücken der reine Broterwerb und die Frage nach dem Überleben in den Vordergrund. Dann stellt sich die Frage, betrifft der Gedanke an die Berufung eine Wohlstandselite, die die nackte Not nie in ihrem ganzen Ausmaß kennen gelernt hat? Welche Chance hat ein bereits gescheiterter berufstätiger Mensch in fortgeschrittenen Jahren, zur Berufung zurückzukehren? Ist das soziale Engagement von karitativen Berufen als solches nicht mehr und nicht weniger als eine aus Menschenfreundlichkeit motivierte Hilfsbereitschaft? Geht es den Sozialdiensten und Arbeitsvermittlern nicht lediglich um einen humanen Beitrag zum Überleben? Sind spirituelle Meister wie Jesus und andere nichts weiter als Helfer und Ärzte für Arme und Notleidende, die sich aus Mitleid und Barmherzigkeit der Gescheiterten annehmen? Hierzu gibt es eine Menge Antworten. Die für mich gültige Antwort gibt Jesus selbst mit einer Gegenfrage, als er einen behinderten Menschen heilte: *"Was habt ihr für Gedanken im Herzen?"* (LK 5,22,2)

Es ist von den Religionshistorikern weitgehend belegt, dass Jesus zum Zeitpunkt dieser Frage in Nazareth, der Stadt seiner Kindheit, abgelehnt wurde, somit heimatlos und nach heutigen Kriterien "arbeitslos" war. Wahrscheinlich war er mit Grenzsituationen selbst bestens vertraut. Sein "Geisteswandel" und der Aufbruch zu seinem öffentlichen Wirken werden mit der Enthauptung seines Cousins Johannes und den vierzig Tagen in der Wüste in Verbindung gebracht.

Geschichte und Gegenwart halten zahlreiche ähnliche Beispiele bereit, wie prägende Umstände zur eigentlichen Rückkehr führten. Siddhartha Gautama, der Stifter der Weltreligion des Buddhismus, schaute in die Tiefe seines eigenen Abgrundes, ehe er den Weg zur Harmonie und zum Sein antrat. Durch Grenzsituationen gewinnen wir demnach wohl die Aufmerksamkeit für das Sein und können daraus die Kraft für das neue Denken schöpfen.

Als Kerstin mit Anfang dreißig in das Coaching kam, stand zwischen ihr und ihrer Berufung der Schicksalsschlag, der sich kurz vor Ende ihrer Schulzeit zugetragen hatte: ihr psychischer Zusammenbruch. Mit dem Schrecken aus der Jugend im Nacken flüchtete sie in den sicheren Job bei einer Versicherung, wo sie seit Jahren arbeitete. Dort achtete sie immer darauf, es allen möglichst recht zu machen, und spielte, wie sie selbst sagte, "den braven und angepassten Engel".

Mit den verschiedensten Therapiemethoden und -verfahren hatte sie die Erfahrungen aufgearbeitet und das Ziel verfolgt, die unguten Gefühle zu bewältigen. Ihren Worten zufolge waren die entwicklungspsychologischen Aspekte für die falsche Berufswahl und den Verbleib in dem ungeliebten Job verantwortlich. "Ich fühlte mich über Jahre hinweg psychisch wie gelähmt, und durch die Therapien habe ich erst die Ursachen für mein Leiden verstehen gelernt." Um sich selbst auf die Spur zu kommen ist eine detektivische Aufklärungsarbeit von großem Vorteil. Mit Hilfe der Therapie lernte Kerstin beispielsweise zu erkennen, dass sie alles andere als ein "braver Engel" ist.

Das Beste an einer Therapie ist die gewonnene Gewissheit, dass wir sowohl böse als auch gut sind. Wirklich erlöste Menschen wie Jesus und Buddha sahen das eigene Leben so, wie es wirklich war. Beim Blick in den Spiegel erkannten sie in ihren Wüstentagen die eigene scheinbar unerträgliche Fratze – und integrierten sie. Spirituelle Meister schauten in die Tiefe, bevor sie zu unvergessenen Heilern wurden. Auch die großen Psychologen wie Freud und Jung forderten dazu auf, die Schattenseiten anzuschauen und zu integrieren.

Eine Grenzsituation kann daher auch immer eine erlösende Einladung sein, den Ruf der Seele zu erhören und ihm zu folgen. Dies ist auch der Grund, warum Jesus zu Menschen in Grenzsituationen, Menschen, die verfolgt wurden oder die am Rande der Gesellschaft lebten, sprach und gerade an ihnen Wunder bewirkte. Sie waren dafür offen, auf den Ruf der Seele zu hören und ihm zu folgen.

Solange Sie die Therapie als Sprungbrett dafür nutzen, den Ruf der Seele zu erhören und ihm zu folgen, kann diese von unschätzbarem Wert sein. Oft wird Therapie jedoch zum Selbstzweck. Der Klient geht weiterhin brav in seine Therapiestunde und nährt sein Opferbewusstsein, statt den Mut zu fassen, etwas zu ändern. So ähnlich erging es auch Kerstin.

"Ab einem bestimmten Zeitpunkt war für mich jede Form von Psychologie immer wieder das Gleiche. Zwar wurde ich mit den Werkzeugen der Kommunikation präziser, und mit Hilfe meiner Methodenkompetenz konnte ich mich selbst gut im anderen erkennen. Doch fühlte ich mich dadurch besser? Mein Verstand kultivierte das Leiden meiner Jugend, und die Verantwortlichen dafür waren jetzt schneller ausgemacht. Lebte ich aber deshalb bereits so, wie es mir wirklich wünschte? War ich durch die Psychoanalyse bereit, ein Gestalter meines eigenen Lebens zu werden und ganz bewusst auf Freude zu setzen? Heute muss ich sagen, dass es leider nicht so war. Erst als ich den Schmerz der Grenzsituation zu spüren lernte und mit allem komplett einverstanden war, war ich bereit für den Geisteswandel."

Offenbar sind viele Menschen, die ihre Verletzlichkeit akzeptieren und annehmen, die die Vergänglichkeit der Form durch Krankheit, Verlust oder Behinderung erfahren haben und dabei keine gelehrten Worte mehr finden, offen für die frohe Botschaft. Aber es sind keine

Schicksalsschläge, keine Armut und keine Katastrophe nötig, um den Weg zur puren Freude zu gehen. Doch für den Anfang braucht es das Bewusstsein, und die Grenzsituation forciert das Erwachen. Jesus konnte die Menschen heilen, die sich der Macht des Geisteswandels bewusst wurden. Als sie sensibel genug waren, konnten sie sich mit Hilfe der freien Wahl für die Gedanken des Herzens entscheiden. Der Geist des Herzens folgt den Gesetzen der Liebe und macht die Wunder erst möglich. Die Menschen damals wurden durchlässig für eine Energie, die wir wahrscheinlich niemals in allen Dimensionen begreifen können.

Erschaffen statt kontrollieren

Viele Menschen erkennen irgendwann den Sinn einer Veränderung, einer neuen Weichenstellung. Sie erkennen, dass der Weg in die Freiheit mit Risiko und Wagnis verbunden ist. Am liebsten möchte der Verstand die Landkarte beibehalten, die er bereits vor vielen Jahren von der Zukunft gezeichnet hat. Auch wenn die Erkenntnis gereift ist, dass die Seele einer anderen Nahrung bedarf, fragt der Verstand nach den Errungenschaften, Bequemlichkeiten und Sicherheiten, die möglicherweise durch die gefundene Berufung in Frage gestellt werden.

Wenn man sich bereiterklärt, dem Ruf der Seele zu folgen, dann hat man plötzlich viele Fragen: Sind die Nackenschläge des Lebens ein Wink des Schicksals, dem Wesentlichen im Berufsleben eine neue Chance zu geben? Was ist, wenn die Berufung von meinen bisherigen Bezugspersonen nicht mitgetragen wird? Bin ich bereit für ein aufregendes Leben, bin ich bereit, für mein wahres Leben einen Preis zu zahlen?

Kerstin befand sich in einer solch behaglichen und komfortablen Situation. In den vielen Jahren in der Versicherung war sie Teil einer sozialen Struktur geworden, die ihr wie eine Familie vorkam. "Alles war mir wohl vertraut und fühlte sich an, als sei es ein Teil von mir: Der morgendliche Gang zum Kaffeeautomaten, die Gespräche mit den befreundeten Kollegen, das gute Essen im Betriebsrestaurant. Ich hatte eine durchaus sichere Position, und meine Vorgesetzten brachten mir Wertschätzung und Anerkennung entgegen. Gerade deshalb hielten mir meine Freunde häufig vor, dass meine Absicht, etwas zu verändern, zu waghalsig sei. Schließlich würde ich ja nicht wissen, ob das Neue meinen Hunger und Durst stillen würde."

Kerstin spürte, dass sie das Ergebnis eines Veränderungsprozesses nicht berechnen konnte. Der Preis des spirituellen Erneuerungsprozesses war für Sie mit dem Verlust an Kontrolle verbunden. "Den letzten Anstoß gab sicher auch eine Liebesbeziehung, die ich mir hoffnungsvoll ausgemalt hatte, die dann aber missglückte. Langsam fragte ich mich, ob ich überhaupt irgendetwas unter Kontrolle hatte. Auch ein sicherer Arbeitsplatz kann sich als Illusion erweisen. Denken Sie nur an die Unternehmen, die ganz plötzlich in eine Existenzkrise gerieten.

Was mir am Ende bleiben würde, war das Vertrauen in eine höhere Instanz, um sich für eine Erfahrung zu öffnen, deren Konsequenzen nicht mit letzter Sicherheit kalkuliert werden konnten. Das Universum würde mir etwas bringen, das mir meine Wünsche erfüllen würde. Mir wurde auch bewusst, dass sich einige Menschen von mir abwenden könnten, wenn ich sie mit meinen neuen beruflichen Entscheidungen zu sehr irritierte. Aber ich dachte vielmehr daran, dass Vertrauen eben Nichtwissen ist, und ich fühlte mich sehr lebendig mit der Vorstellung, dass das Leben noch Unbekanntes und Unerschlossenes für mich bereithielt. Jetzt freute ich mich darauf, das Neue kennen zu lernen."

Finden Sie nicht auch, dass ein Geschenk im verpackten Zustand beglückender ist? Gerade das Unsichtbare und Neue ist faszinierend und inspirierend. Es macht uns neugierig und weckt die Lebensgeister. Zwar zitterten Kerstin die Knie, wenn sie an die baldige Kündigung und den Abschied von den vielen Annehmlichkeiten dachte, doch als sie den Ruf zur Erneuerung in ihrem Herzen hörte, veränderte sie ihr Denken.

Sie lernte, sich selbst mehr zu lieben und auf die Bedürfnisse ihres Herzens zu hören. Dabei glaubte sie fest daran, dass sie den Menschen begegnen würde, die ihr weiterhelfen würden, und dass ihr Leben die passenden Lösungen für sie bereithalten würde. Sie war fest entschlossen, sich nur noch auf das Positive zu konzentrieren und Menschen zu meiden, die ständig nur darüber jammerten, was alles nicht klappt in ihrem Leben.

Der Start in die Berufung beginnt mit dem Ruf und nicht mit dem Wissen. Wir wissen zu Beginn meist nicht, was wir wirklich wollen, obwohl sich die Seele bereits Gehör verschafft hat. Wie lange es dauert, bis die Berufung konkrete und sichtbare Gestalt annimmt, lässt sich selbst mit bester Absicht nicht planen. Wenn wir jedoch weiterhin in der Haltung verharren, die uns die Probleme bereitet hat, kommen wir der Berufung nicht näher. Auch Ehrgeiz, Willensstärke und ein scharfer Verstand nutzen da nichts.

Vielleicht haben Sie eine grobe Ahnung, gepaart mit einem Gefühl, dass da draußen bereits etwas auf Sie wartet, denn das Universum hält eine Lösung für denjenigen bereit, der an das noch unsichtbare Neue glaubt.

"Alles kann, wer glaubt" (MT 9,29). Menschen, die zum Glauben fanden, Unglaubliches bewegten, ferne Kontinente und Meere entdeckten, bahnbrechende Erfindungen machten und auch heute noch Millionen Menschen zur Pilgerfahrt aufbrechen lassen, haben Dinge erschaffen und alles gekonnt, was sie wollten, weil sie daran glaubten und gleichzeitig gelassen waren.

⊙

Mut machen für den Wiederaufbau

Der erste neue Mann der Berufung

Geschichten über die Berufenen faszinierten die Schriftsteller und Filmemacher schon immer. Wie häufig wurde die Geschichte von Kolumbus als Entdecker Amerikas verfilmt? Er musste zwar an viele Türen klopfen und irrte sich sogar im Ziel. Zu Lebzeiten hatte er mehr Misserfolge als Erfolge, später wurde er jedoch als Held gefeiert. Menschen, die zu neuen und unbekannten Ufern aufbrechen, gelten als mutig und berühren durch ihr Tun. Menschen mit Mut zur Berufung, mit der Bereitschaft, für die Liebe zu sterben, und der entsprechenden Entschlossenheit sind der Stoff für Bühneninszenierungen.

Doch die Legenden unserer Heiligen und Vorbilder dienen nicht nur der Unterhaltung, sondern wir lernen über die Betrachtung der spirituellen Entwicklung unserer Vorfahren. Auch wenn sich das universale Selbst immer wieder neu im Gegenwärtigen bewusst werden will, sind uns unsere spirituellen Väter und Mütter mit ihren Geschichten nahe geblieben. Zwar sind sie nur aus ihrer jeweiligen geschichtlichen Epoche heraus zu verstehen, doch der Ruf, dem sie damals gefolgt sind, hat nicht nur sie mit Erfahrungen und Entdeckungen beschenkt. Ihre Motivation war die Sache selbst, und oft blieb ihnen die Anerkennung zu Lebzeiten verwehrt. Dennoch helfen ihre Lebenswerke bei der Selbstwerdung und bei der Erkenntnis, dass es zu der Herzensberufung keine Alternative gibt.

Sicher gibt es den gemeinsamen Nenner, die Essenz, die alle Berufungsgeschichten miteinander verbindet. Aber es wird Sie wahrscheinlich nicht überraschen, dass mir auf meinen eigenen Schritten zur Berufung "der neue erste Mann der Berufung" begegnete.

Als ich begann, mich mit dem Thema Berufung sowohl theoretisch für mein Theologiefernstudium als auch praktisch zu beschäftigen, öffnete mir eine Pilgerfahrt die Augen. Der amerikanische Franziskaner und Männerforscher Richard Rohr schrieb in seinem Buch *Hoffnung und Achtsamkeit. Spirituell leben* von diesem weltberühmten Mann. Er behauptete in diesem Buch, dass es kaum einen Menschen gab, über den so viel geschrieben wurde. Und dieser erste Mann der Berufung wird heute von allen spirituellen und ganzheitlichen Richtungen gewürdigt und akzeptiert – und das nicht aufgrund eines tadellosen und vorbildlichen Lebens. Die Begegnung mit diesem Mann sollte mein Leben verändern, ungeachtet der Tatsache, dass Franz von Assisi vor knapp 800 Jahren in Mittelitalien starb.

Was ist dran an diesem Ordensmann des Mittelalters? Warum lohnt es sich, dem "Poverello" Beachtung in einem Berufsratgeber zu schenken? Hatte er denn eine Botschaft für die Berufszielsuchenden des 13. Jahrhunderts? Welche der von ihm geforderten Regeln lebte die damalige Amtskirche während und nach seinem Wirken? Und ist es nicht ein wenig weit hergeholt, wenn ich den Begründer des größten Bettelordens der Christenheit als ersten neuen Mann der Berufung allen anderen voranstelle? Wie soll die berufliche Neuorientierung zu einem Leben der Freude und des Wohlstands führen, wenn man einen asketisch lebenden Mann als Vorbild wählt? Welchen entscheidenden spirituellen Impuls kann ein Mann geben, der vor knapp 800 Jahren vollkommen verarmt und depressiv starb, der noch nicht einmal dort begraben wurde, wo er begraben werden wollte?

Franziskus war zwar ein Kaufmannssohn, aber auf diesem Gebiet ein ausgewiesener Taugenichts gewesen. Ich dachte damals, dass

Franz von Assisi heute nicht dazu geeignet wäre, einen Beitrag zur Arbeitswelt zu leisten. Ich glaubte auch nicht, dass er mir Antworten für mein Leben geben könnte. Doch das änderte sich wenige Tage später, nachdem ich von einem Besuch der für ihn errichteten prunkvollen Grabeskirche zurück an meinen Arbeitsplatz nach Frankfurt kam. Kurz vor der Mittagspause zerschnitt mir eine Glasscherbe das Gesicht, und das Blut floss mir über die Krawatte und über das schöne Bankeroutfit, das zu gut zu meiner urlaubsgetönten Gesichtsfarbe passte. Was sich an diesem Tag zutrug, konnte ich mir nicht erklären, abgesehen davon, dass ich immer schon etwas tollpatschig gewesen war. Sicher war ich mit entsprechender Unlust aus den Ferien zurückgekehrt, aber das geht dem Glücklichsten manchmal ähnlich.

Der Vorfall war nicht nur für mein Gesicht einschneidend. Von nun an rückte dieser Mann aus Assisi bei mir in den Vordergrund, und ich beschäftigte mich mit diesem Mann, der wie kein anderer in der Mystik und in der christlichen Esoterik Spuren hinterlassen hat. Sein Geist durchströmt bis heute viele Herzen, während von den meisten Päpsten und Kardinälen der letzten zwei Jahrtausende nicht mehr als Statuen und Bilder erhalten geblieben sind. Die Antwort, warum der Mann aus Assisi so wichtig für mich werden sollte, gab mir Franziskus selbst in seiner Pilgerschaft!

Pilgern zum Wesenskern

Der persönliche Magnetismus eines spirituellen Meisters oder einer Meisterin resultiert aus dem Umstand, dass sie selbst viele Facetten des Menschseins durchlebt haben. So auch Franziskus, der in seinen jungen Jahren schön, erfolgreich, gesellig und gebildet war. Alles was ein junger Mensch heute zu einer steilen Businesskarriere brauchen kann, hatte Franziskus als Lieblingskind seines Vaters in die Wiege gelegt bekommen. Die Jahre seines jungen Erwachsenenlebens waren den Überlieferungen zufolge die reinste Wonne. Es war ein Leben der unbegrenzten Möglichkeiten, und er stand gerne im Rampenlicht. Angespornt durch seinen Ehrgeiz und seine Selbstsicherheit suchte er sich irgendwann ein Ziel, mit dem er sein Ansehen steigern konnte.

Um die Anerkennung der Eltern und die seiner Umgebung zu steigern, wollte er seinem Vater, einem reichen und einflussreichen Kaufmann, zum Adelsstand verhelfen. Ein heldenhaftes Soldatenleben und ein erfolgreicher Beitrag im Städtekrieg mit der viel größeren Stadt Perugia sollten für ihn und seine Familie den Durchbruch bringen. Doch die ganze eindrucksvolle Karriere als Soldat entwickelte sich zum Desaster. Der kleine, zierliche Franziskus wurde gefangen genommen, verbrachte viele Monate unter schrecklichen Bedingungen im Gefängnis und machte erstmals wirkliche Grenzerfahrungen in seinem Leben. Der Versuch, als Kreuzritter weitere Erfolge zu verbuchen, scheiterte kläglich, und Franziskus stand am Abgrund. Durch die traumatischen Kriegserfahrungen und eine nicht auskurierte Krankheit war Franziskus ein anderer, sehr trauriger Mensch geworden – und schlichtweg gescheitert.

Franziskus war danach für seine Umgebung nicht mehr greifbar. Immer häufiger zog er sich zurück und erkannte, dass er sein wahres Selbst nie gelebt hatte. Die zentrale Frage im Berufungsprozess wird sich auch Franziskus gestellt haben: "Wer bin ich?" Und es wird übermittelt, dass das universelle Selbst antwortete: "Richte mein Haus wieder auf!" Als er dieses wahre Selbst in sich erahnte, spürte er, dass das wahre Selbst das spirituelle Wesen ist.

Wenn er nun den armen Menschen um Assisi begegnete, fühlte er die göttliche, bedingungslose Liebe in seinem Herzen. Auch er war in seiner Entfaltung stecken geblieben wie diese armen Menschen, doch das leugnete er nicht mehr. Von seinen alten Bekannten wurde er sogar verspottet und für verrückt erklärt. Eines schien ihn dennoch von vielen armen und kranken Menschen, die sich bereits aufgegeben hatten, zu unterscheiden: Die Grenzsituation, die er durchlebte, war Anlass für ein Umdenken und wurde zur Basis für den Heilungsprozess. Für den Mann der Freiheit wurde das Gesetz der Liebe zum wichtigsten Gesetz. Er sah, dass dazu sowohl die Reichen als auch die Armen berufen waren, denn der wahre Reichtum entsteht durch die Liebe, die alle Wunden heilt. Als er sich dem Gesetz der Liebe zuwendete, hörte er seinen Auftrag. Er spürte, dass die innere Stimme ihn vor die Wahl stellte und ihm das Angebot des Wiederaufbaus der Gemeinschaft von Assisi unterbreitete. Intuitiv griff er nach den Steinen der zerfallenen Kapelle und tat das Naheliegende: Er begann damit, sie wieder aufzubauen.

Er lernte, dass er selbst verantwortlich war für sein Glück. Franziskus schätzte weiterhin seine Eltern und all den Reichtum, den es in der Stadt Assisi gab, und er kritisierte auch nicht die dekadente Kirche und die kriegerischen Sinne der Kirchenleitung. Aber er entschied sich für die radikale Selbstliebe, indem er seinen gesamten Reichtum vor seinem Vater auf dem Dorfplatz ablegte. Fortan drückte er seine Selbstliebe durch die Wertschätzung von allem Lebendigen aus. Dies zeigt sich in seiner großen Dankbarkeit gegenüber den Geschenken der Natur und in seinem berühmten *Sonnengesang*.

Meiner Ansicht nach war er kein Gegner des Wohlstandes, sondern in erster Linie ein feuriger Anhänger der Liebe zur Schöpfung geworden. Und diese Schöpfung, die er so sehr liebte, sah er in allem Lebendigen und eben gerade auch in den Armen, Kindern und Kranken, mit denen er sich solidarisch fühlte. Dort, wo der Geist der Schöpfung waltet, kann es keine Grenzen geben. Es ist die Liebe, die alles rettet, und nicht die Sicherheit von Stadtmauern. Das Gesetz der Liebe zog die Liebenden zu ihm hin, und um ihn gründete sich die Gemeinschaft, die wirklich von Herzen zu ihm gehörte.

Das Universum hatte Franziskus die Armen und Kranken geschickt, damit er für sich selbst erkannte, wer er wirklich war. Später wurde er als Begründer des Armutsideals und der Askese kritisiert, der die Institution Kirche gefährdete. Deshalb wurde der Orden nach seinem Tod stärker in die Kirche integriert, und wenig später wurden die ersten Franziskaner zu Kardinälen.

Franziskus lernte, seine Krankheit anzunehmen und eine Erneuerung in seiner Umgebung einzuleiten. Die Strahlkraft, die er bis zum heutigen Tag besitzt, hat eine für mich entscheidende Berufungsqualität: Er erkannte die Schöpfung als eine Wirklichkeit, an der er mit Hilfe seiner Gedankenkraft teilhaben durfte, ohne sie auf intellektueller Ebene bis in die letzten Buchstaben verstehen zu müssen. Diese Wirklichkeit war für ihn das Universum. Seinen Frieden und seine Liebe verstand er als Energien, die das Universum bereithält, sobald sie eingeladen werden.

BERUFUNGSANFRAGE AN DAS UNIVERSUM

*»Und alles, was ihr im Gebet erbittet,
werdet ihr erhalten, wenn ihr glaubt.«*

(MT 21,22)

⊙

Das Universum kennt
Ihren Lebensauftrag

Was wollen Sie wirklich?

Haben Sie einmal an einem sommerlichen Abend in den Himmel geschaut und das Licht von Sonnensystemen wahrgenommen, die aus einer unglaublichen Entfernung zu Ihnen leuchteten? Ist Ihnen dabei bewusst geworden, dass dieses Universum immer war und immer sein wird? Was auch immer Sie in solchen Augenblicken empfinden: Sie sind ein Teil dieses Universums, das aus der gleichen Energie besteht wie Sie selbst. Zwar sind Sie ein sichtbarer Ausdruck der Evolution, hochkomplex und wissenschaftlich unergründlich – aber das ist nur die veränderbare Form, in der die Seele lebt.

Unternehmen, Büro- und Verwaltungsgebäude, Berufsbilder und Stellen sind vorübergehender Natur, wie alles Materielle. Vor vielen Jahrzehnten gab es Berufsbilder, die heute kaum noch jemand kennt. So hätten unsere Urgroßeltern in ihrer Zeit mit dem Beruf des Webdesigners oder Werbetexters nichts anfangen können. In meiner Kindheit gab es noch viele Tante-Emma-Läden und den Milchmann gegenüber. Ebenso werden die Automobilindustrie und andere heute zukunftsweisende Branchen durch den Wandel anderen Unternehmen weichen. Ein Unternehmens- und Berufsziel hat demnach stets eine periodische Komponente. Unternehmen und Volkswirtschaften planen und kontrollieren klar abgrenzbare Zeiträume, um sich immer wieder neu den Veränderungen zu stellen.

Wandlungs- und Anpassungsfähigkeit muss deshalb noch lange nicht zum hektischen Identitätsverlust führen. Zwischen der Berufung und den Zielsystemen gibt es einen Unterschied. Wollen Sie sich des Unterschieds bewusst werden, sich mit der tieferen Seite Ihrer beruflichen Tätigkeit auseinandersetzen? Wollen Sie die Berufung als zeitlosen und einzigartigen Wesenskern der Persönlichkeit kennen lernen? Dieser Wesenskern ist unveränderlich und vollkommen, er ist unabhängig von den immer schneller werdenden Veränderungen. Mit dem Bewusstsein für die eigene Berufung besteht sogar die Möglichkeit, auf eine veränderungswillige Wirtschaft mit neuen Ideen und Berufsbildern zu reagieren. Wollen Sie genau diese zeitlose Dimension in Ihrem Inneren kennen lernen und dazu stehen?

Nehmen wir als Beispiel das Schreiben, das als Ausdrucksform der Seele seit tausenden von Jahren die Menschen beglückt. Häufig begegnen mir Menschen, die erzählen, dass sie durch das Schreiben in einen meditativen, seligen Zustand versetzt werden. Wann auch immer Menschen sich zum Schreiben berufen fühlten, haben sie es in ihrer Zeit und auf ihre Weise getan. Für die Seele machte es keinen Unterschied, ob es in Form von Wandmalerei im Land der Pharaonen geschah oder heute auf einem modernen Notebook. Der qualitative Unterschied ist nur eine Frage des Intellekts, etwas für Literaturkritiker – nicht unwesentlich, aber eben keine Frage der Berufung. Grundlegend ist die Frage, ob der Mensch sich selbst in der Tiefe erkennen und erfahren will. Dafür ist es nötig, dass es zunächst um wirklich nichts anderes als um die reine Freude des Herzens geht. Sobald im Inneren die Stimme des Kritikers oder Richters auftaucht, ist dies ein Zeichen dafür, dass sich das sterbliche Ego eingeschaltet hat. Deshalb gibt es eine Grundsatzfrage: Wollen Sie Ihrer unsterblichen Seele die absolut erste Priorität einräumen? Wollen Sie wirklich Ihre Berufung entdecken?

Bei der Berufung geht es zunächst um die Frage, ob Sie die Existenz Ihrer Seele bejahen, die sich durch das liebevolle Tun ausdrücken will. Manch ein gläubiger Kritiker wendet hier vielleicht ein, Arbeit diene der Ernährung der Bäuche, und die Kirche nähre die Seele. Die Entscheidung, ob auch das berufliche Tun ab sofort Ihrer Seele dient und für Sie eine Frage der Liebe ist, treffen Sie selbst. So wie man die Liebe nur durch die Taten eines Menschen beobachten kann, verhält es sich auch mit der Berufung. Die Bereitschaft zum aktiven Tun beginnt mit einer Frage: Was wünschen Sie sich wirklich vom Leben, was würde Sie erfüllen und glücklich machen? Wenn Sie sich diese Frage stellen, dann öffnen Sie sich für Ihre Seele, das verborgene Licht in Ihnen. Als Coach stelle ich in dieser Phase des Berufungsprozesses meinen Kunden diese Frage, die ganz typisch für die Methoden einer Berufszielfindung ist. Es fällt den meisten Kunden schwer, den Wunsch zu nennen, der das Herz am allermeisten zu Glück und Freude führt. Haben Sie schon einmal darüber nachgedacht, was Sie sich wünschen würden, wenn Sie wüssten, dass das Universum Ihnen alle Wünsche erfüllt? Selten sagt eine Kundin oder ein Kunde dann ganz spontan und voller Hingabe, dass er oder sie sich ganz intensiv den Job wünscht, der ihn oder sie glücklich macht.

So war es bei Kerstin, die bereits zu Beginn des Coachings diese Frage umgehen und mit der nächsten Übung weitermachen wollte: "Meiner Ansicht nach war es immer klar, dass ich mir nur das wünschen kann, was im Bereich des Machbaren liegt. Als Versicherungsexpertin bewegte ich mich ja nicht gerade in der Welt des Fantastischen, und seit meiner Jugend hielt ich sentimentale Geschichten auf Abstand. Aber die Lösung lag jenseits meines engen Blickwinkels, und so musste ich wieder lernen, meine Aufmerksamkeit auf meine Wünsche und Träume zu richten."

Irgendwann kommen die meisten Menschen zur entscheidenden Frage: Welchen zentralen Wunsch soll Ihnen das Universum wirklich erfüllen? Wünschen Sie sich ein Kind? Wünschen Sie sich einen

Traumwagen? Was würden Sie tun, wenn Sie nicht scheitern könnten? Kerstin war ein wenig störrisch, doch ich forderte Sie unmissverständlich auf, genau aufzuschreiben, was Sie sich in diesem Moment vom Universum wünschte. Sie zögerte eine ganze Weile, bevor sie mit Tränen in den Augen sagte: "Ich wünsche mir von diesem verdammten Universum, dass ich den Beruf finde, der mir Freude macht. In dieser Tätigkeit möchte ich Liebe spüren und Liebe geben – wann auch immer ich diesen Beruf ausübe, wie weit der Weg dorthin auch sein mag und was auch immer ich selbst noch dazu beisteuern muss. Ich wünsche mir, dass ich die nötige Kraft, das Durchhaltevermögen und die Energie entwickle, um dort hinzukommen."

Unterstützung erbitten

Muss ich, um dies alles zu erreichen, wirklich das Universum bemühen? Sind analytische, arbeitsbezogene Potenzialanalysen nicht ausreichend für den Weg in einen neuen Job, der besser zu den Kompetenzen des Kunden passt? Wie kann das Universum überhaupt helfen?

Alles, wonach Sie suchen, ist bereits da. Auch wenn der erste Arbeitstag im neuen Job, das Bewerbungsschreiben für die neue Aufgabe, die Ausbildung für den Traumjob real in weiter Ferne liegen oder die Geschäftsgründung noch lange auf sich warten lässt: In den unsichtbaren Dimensionen ist der Wunsch nach der Berufung voll im Lösungsprozess – sofern Sie wirklich wollen. Wenn der Glaube nur so groß wie ein Senfkorn ist, dann sind Wunder Teil der Planung. Und diese Gedankenkraft ist mächtiger als jede Potenzialanalyse, weil das pausenlose zielorientierte Denken tatsächlich neue Energien und Lösungen bereitstellt.

Alle großen Entdeckungen, Ideen und Berufungsgeschichten sind nicht im Anschluss an Potenzial- und Kompetenzanalysen realisiert und erschaffen worden. Die Tests ermitteln Begabungen und sind sehr effektiv bei der Frage, ob man mit dem eigenen Fähigkeitsprofil zum entsprechenden Berufsprofil passt. Für die Unternehmen und deren Personalabteilungen sind die Eignungsuntersuchungen ein probates Mittel zur Bewältigung der Fülle an Bewerbungen. Nicht auszudenken aber, wie viel Glück in dieser Welt nicht gelebt wurde und wird, weil Menschen dauerhaft in einer Schublade verbleiben, in die sie andere frustrierte Geister gesteckt haben.

Aber es gibt dennoch immer wieder Männer und Frauen, die sich über die Meinungsmacher hinwegsetzen und schlichtweg das tun, woran sie glauben. Sie schreiben einen Millionenseller, wie beispielsweise Joanne K. Rowling, deren Manuskript von *Harry Potter und der Stein der Weisen* zunächst kein Verlag drucken wollte. Sie glaubte trotzdem weiterhin an ihr Buch und ihren Erfolg. Den Rest der Geschichte kennen Sie. Pioniere haben meistens zu einem Zeitpunkt an das Gelingen ihres Projektes geglaubt, an dem weder die Befürworter noch die Kritiker etwas sehen konnten. Die Berufenen haben ihre ganze Konzentration und Aufmerksamkeit auf den Wunsch oder ihre innere Vision gelenkt und Dinge hervorgebracht, die später wie Wunder aussahen. Oft erfolgte der eigentliche Durchbruch nicht mit einer hartnäckigen Verbissenheit, sondern vielmehr mit dem vertrauenden Blick auf die Schöpfung.

Vielleicht werden Sie im Lauf der Zeit einen Partner brauchen, einen Finanzier oder neue Informationen. In dem Augenblick, in dem Sie an die Unterstützung aus dem Universum glauben, können Sie sich mit Gelassenheit der Lösung in Ihrem Inneren öffnen. *"Nichts wird euch unmöglich sein"* (MT 17,20.3), sagte Jesus und meinte damit die unsichtbar wirkenden Mächte der Gegenwärtigkeit Gottes in den Herzen der Menschen. Sie können den Traumberuf in Ihr Leben rufen, wenn Sie ihn mit den Gedanken an Liebe, Mut und Erfolg verbinden. Das Gesetz der Liebe ist das Gesetz des Universums und sozusagen Ihr Lichtfenster zur Berufung. Mit der entsprechenden Geisteshaltung entstehen Ruhe und das Vertrauen in die kreativen Lösungsmöglichkeiten, die auch ohne Zwang und Stress zur Verfügung stehen.

In dem Augenblick, als Kerstin loslassen konnte, war sie auch bereit, durch ihr Lichtfenster zu schauen. Sie erkannte ihre zentrale Leidenschaft: Sie liebt Senioren und deren Anliegen. Schon als Kind verbrachte sie gerne viel Zeit mit ihren Großeltern – und das nicht, weil sie keine Gleichaltrigen zum Spielen fand. Das setzte sich auch im Berufsleben fort. Mit den älteren Kollegen verstand sich Kerstin besonders gut, und sie entwickelte gerade an den Versicherungsprodukten Interesse, die dem Wohle der älteren Mitmenschen dienten. Standen wieder einmal Wahlen an, verfolgte sie mit Spannung die Fernsehrunden zur Sozial- und Rentenpolitik. "Meine Vorliebe für die Belange der älteren Bevölkerung wollte ich bis dato nicht so recht zugeben. Wie auch? Was würden meine Bekannten denken? Ich vermutete stark, dass sie mir erzählen würden, dass das doch kein Interessengebiet für eine junge Frau sei. Manchmal zweifelte ich selbst daran, ob es richtig war, dass ich ein so ungewöhnliches Interesse an älteren Menschen hatte. Doch dann geschah ein Wunder. Eines Tages begegnete ich einer alten Frau, und als ich ihr ins Gesicht sah, sah ich darin eine junge Frau.

Kurz danach durfte ich die Dame besuchen, und sie zeigte mir ein Bild. Und siehe da: Die Frau sah ganz genau so aus, wie ich sie bei unserer Begegnung wahrgenommen hatte. Mir wurde klar, dass das Alter eine komplette Illusion ist. Man kann schon einige Jahre an Lebenszeit hinter sich haben und dennoch jugendlich sein. Umgekehrt gibt es Menschen, die noch gar nicht so alt sind, aber so wirken, als wären sie schon ziemlich alt." Von dem Augenblick an war für Kerstin und mich klar, dass ihre Berufung mit Senioren zu tun haben würde, es sollte ein Projekt werden, das sie mit ihren

Lieblingstätigkeiten des Beratens und Betreuens kombinieren konnte. Da ihr Glaube zu dem Zeitpunkt in hohem Maße im Fluss war, ließ sie sich nicht mehr beirren. Sie spürte, dass sie selbst noch nicht genug von dem wusste, was sie im Einzelnen entdecken und konzipieren würde. "Ich wusste, dass ich ein attraktives Angebot für Senioren entwickeln würde. Was genau das sein würde, wusste ich nicht." Doch sie war sich sicher: "Ich vertraute darauf, dass mich das Universum unterstützen würde, dies zu verwirklichen."

Freude ist die einzige Bedingung

Warum verstauben die Ideen und Konzepte so vieler Berufszielsuchender in den Schubladen und werden nicht umgesetzt? Tatsächlich ist die klarste Berufungsenthüllung oder Ideenfindung und die Erkenntnis, dass eine berufliche Neuorientierung sinnvoll wäre, zwecklos, wenn sie anschließend nicht umgesetzt wird. Weshalb verwerfen so viele Menschen ihre kreativen und hoffnungsvollen Ideen, bevor sie sie überhaupt überprüft haben? Jede Kreativität wird erstickt, wenn sie mit Kritik und Bewertung konfrontiert wird. Kritik und Bewertung sind ursächlich für schlechte Laune und Unlust. Deshalb verlaufen viele Zielfindungsprozesse kläglich, weil es nicht gelingt, die Negativität und die unguten Gefühle zu verändern. Unschöne Worte wie "Krisenmanagement" und "Outplacement" versetzen manchen Berufstätigen in einer Umbruchsituation in eine düstere Stimmung. Und wenn die berufliche Neuorientierung hauptsächlich mit Stress und Gefahr in Verbindung gebracht wird, zieht man keine Lösungsansätze an, sondern man wird ein Spielball derer, die den Markt definieren.

Als mich einmal ein Headhunter mit einschränkenden Wertungen über Berufswechsler ab 50 konfrontierte, kappte ich den Gedankenaustausch sofort. Selbst wenn die Marktanalysen so genannter

Sachverständiger der wirtschaftlichen Realität nahekommen, so ziehen sie mit ihren negativen Gedankenmustern nur noch mehr Mangel an Möglichkeiten an. Da das Denken vieler am Personalmarkt vermittelnder Berater in Auswahlkriterien gefangen ist, vergiften sie das Klima und verschärfen die Not derer, die mit positiven Gefühlen viel besser eine Lösung anziehen könnten. Der kreative Prozess, die Berufung zu finden und zu enthüllen, ist mit dem Gefühl der Freude verbunden. Meiner Ansicht nach ist es der einzige Lebensauftrag, den Gott oder das Universum dem Menschen gibt: Freude bei dem zu empfinden, was getan werden soll.

Ob Sie nun Metzgermeisterin oder promovierte Biologin sind, spielt meiner Meinung nach für das Universum keine Rolle. Die Seele ist ein freudiges Wesen, das gerne Freude bei der Ausübung einer Tätigkeit erfährt. Auch Jesus hatte dies stets zum Ziel, als er die frohe Botschaft verkündete. Er verwandelte Wasser in Wein – und nicht umgekehrt. Er nahm gerade zum einfachen Menschen Tuchfühlung auf, weil seine praktischen Antworten nicht kompliziert theologisch, sondern extrem freudvoll und einfach waren. Bitten Sie deshalb um die guten Gefühle, die im Schöpfungsprozess den Charakter eines Multiplikators haben. Das Glück liegt bereits im gut gelaunten Gehen und nicht erst im wohlbehaltenen Ankommen.

Neale Donald Walsch hat in seinem Buch *Gespräche mit Gott. Gesellschaft und Bewusstseinswandel* anschaulich erläutert, dass sich das Universum durch die positiven Gefühle in uns erfahren will. Das universale Selbst ist die Energie der Freude, und wir sind Geschöpfe, die Freude erschaffen können. Es ist also wichtig und hilfreich für die Verwirklichung Ihrer Berufung, dass Sie ein Gefühl der Freude empfinden, wenn Sie sich mit Ihrer Berufszielfindung beschäftigen.

⊙
Ein Kurs im Danken

Die Berufung ist bereits geschenkt

Manchmal äußert ein Coachingkunde zuerst den Wunsch, dass die gemeinsame Arbeit den Nebel lichten soll. Das Coaching soll dabei helfen, endlich die Suche nach einem Ziel aufzunehmen und die Richtung klar zu bestimmen. Ich verwende in meinen Coachings ungern das Wort "Suche", weil es von der Annahme ausgeht, dass etwas vollkommen Neues in das Leben kommt. In Wirklichkeit liegen die Schätze doch in uns, bzw. wir bringen die Berufung schon bei der Geburt mit, wenn wir auf die Welt kommen. Deutlich wird das, wenn man Kinder bei dem beobachtet, was sie gerne tun, und oft zeigt sich in diesem Tun schon der Kern der späteren Berufung. Wichtig ist meiner Ansicht nach allerdings, dass diese Schätze auch wertgeschätzt werden, denn dann wird sich mir eine klare Sicht auf meine Berufung eröffnen.

Nicht nur die Wertschätzung der eigenen Talente, der inneren Schätze, ist jedoch für die Berufungsfindung wichtig, sondern auch eine Liebe zum Leben. Wie aber setze ich die spirituelle Grundlage für Liebe zu mir selbst? Was ist letztendlich die entscheidende Brücke, über die ich gehen muss, um meine Berufung zu entdecken? Die Brücke heißt ein "Kurs im Danken".

Zu Beginn eines Einzelworkshops haben viele Coachingkunden den Wunsch, detailliert über die Lasten des eigenen Schicksals zu sprechen. Jutta hatte in der Kindheit gesundheitliche Beschwerden, und sie berichtete über ihre alternativen Heilungsabsichten sowie über die vielen sinnentleerten Tätigkeiten während ihrer beruflichen Laufbahn. Als wir zu der entscheidenden Brücke kamen, nannte ich ihr den Namen der Brücke. Jutta hatte dazu ein sehr ambivalentes Verhältnis und hielt mir sarkastisch und vorwurfsvoll entgegen: "Sei dankbar, Jutta!" Sie lachte und sagte, dass sie doch keinen Kurs im Danken gebucht hätte.

Danken war für sie durch Erlebnisse in der Kindheit eher zu einer Verpflichtung geworden, es kam nicht aus dem Herzen. Sie erzählte: "Wenn ich als Kind der Oma nicht gleich für das Geschenk dankte, bekam ich einen Klaps. Später hatte ich Angst, dass meine großzügige Oma die Zuwendungen einstellen würde, wenn ich mich nicht dafür bedankte, und so dankte ich ihr immer mit einem inneren Schmunzeln. Irgendwann bekam ich diesbezüglich ein schlechtes Gewissen. In meiner Jugend, als ich mich mit der Biographie meiner Großmutter und anderer Familienangehörigen beschäftigte, lernte ich zwar, sie besser zu verstehen, denn sie hatten viel Not in den Kriegs- und Nachkriegsjahren erfahren und wollten, dass es mir besser ging. Dennoch war das Gefühl der Dankbarkeit für mich stets von gängigen Werten und Normen geprägt."

Durch die Begegnung mit dem behinderten indischen Jungen, den sie weiterhin den "kleinen Prinzen" nannte, wurde Jutta bewusst, wie gut es ihr ging. Es fiel ihr zunehmend leichter, sich bei Bezugspersonen für Geschenke zu bedanken.

Dankbarkeit ist der Wendepunkt

Danken erleichtert das Eintreten in einen neuen Bewusstseinszustand und hilft somit dabei, die Berufung leichter zu finden. Denn eine wichtige Voraussetzung für das Finden der Berufung ist es, zunächst einmal für das dankbar zu sein, was man hat. Dazu gehört auch der

Arbeitsplatz, an dem Sie sich zurzeit befinden. Jutta wurde dies bewusst, als sie nach ihrer Indienreise wieder an ihren Arbeitsplatz zurückkehrte: "Ganz sicher hatte mir der kleine Prinz auf wortlose Art die Augen geöffnet. Er schenkte mir ein Lächeln, aber ich hatte die Wahl, was ich damit tun würde. So wie ich dem Jungen in Indien innerlich Danke sagte, begann ich auch hier in Deutschland, mich innerlich für vieles zu bedanken, wie z. B. dafür, dass ich in einem Land mit guter ärztlicher Versorgung leben kann und meine Eltern stets für mich da waren. Selbst der volle Kleiderschrank war nach meiner Rückkehr keine Selbstverständlichkeit mehr für mich. Mein Verhältnis zum Danken hatte sich geändert, und dadurch gewann ich mehr Zuversicht.

Ab und zu zweifelte ich an der Erfahrung mit dem Jungen in Indien, und eine Stimme in mir wertete sie als 'billigen Psychotrick' ab. Doch ich erinnerte mich dann schnell daran, wie gut es sich anfühlte, dankbar für etwas zu sein. Natürlich gab es Menschen in meinem Umfeld, die sich über meine Erlebnisse mit dem Jungen in Indien lustig machten. Ein Freund meinte sogar süffisant, dass ich mich erst durch den Vergleich mit einem behinderten Jungen besser fühlen würde."

Auch mir sagte man einmal, dass das "spirituelle Getue" nichts anderes sei, als der Wechsel vom grauen zum violetten Nebel. Meiner Ansicht nach stimmt das nur, wenn Menschen im Namen einer so genannten Spiritualität manipuliert werden – und das vielleicht sogar noch ohne fachlich fundierte Ausbildung. Dann verlassen wir die Grenzen von seriösen Dienstleistungen. Ich sehe das Bewusstsein für Spiritualität jedoch als Geschenk, wenn die Arbeit mit der geistigen Energie durch Fachwissen ergänzt wird. Daher höre ich nicht auf zu behaupten, dass ein freudvolles Herz in den Zeiten der beruflichen Neuorientierung von grundlegender Bedeutung ist. Mit einer Haltung von Dankbarkeit nähern Sie sich den Zielen und Wünschen in Ihrem Arbeitsleben. Weder Nörgelei noch Analyse sind dazu im Stande.

Die Tatsache, dass die spirituelle Dimension des Dankens viele Religionen und Lehren durchzieht, ist Beweis genug für den positiven Einfluss, den diese Energie auf die Stifter der Religionen hatte. Ich weiß nicht, wie lange ich brauchte, bis mir wirklich bewusst wurde, dass für Jesus und die Frühkirche das Wort "Danke" ein Zentrum oder die Brücke zum Universum darstellte. Jesus wusste von der kraftvollen Energie des Dankens. Nehmen wir z. B. die Feier der Eucharistie. Eucharistie ist ein aus dem Griechischen abgeleitetes Wort und bedeutet "Danksagung".

Wie wir an Juttas Beispiel sehen, ist das auf das tägliche Leben und Arbeitsleben übertragbar. Sobald Sie das Wort "Danke" bewusst leise zu sich selbst sagen oder es laut aussprechen, erzeugt es einen SOG. Dankbarkeit erzeugt eine Liebe zum eigenen Leben und macht die Geschenke sichtbar. Sie kreiert den Nährboden für den beruflichen Neuanfang.

Dankbarkeit eröffnet neue Perspektiven

Fallen Ihnen beim regelmäßigen Aufräumen und Ausmisten alte Erinnerungen, Bilder von Reisen und angenehmen Ereignissen in die Hände? Vielleicht tauchen Bilder früherer Lebensabschnitte auf, oder Sie lesen wieder liebevolle Briefe und Glückwunschkarten zu besonderen Tagen Ihres Lebens, die Sie aufgehoben haben. Vielleicht schmunzeln Sie über Ihre Jugendsünden und lachen über missglückte Begegnungen.

Können Sie heute sich selbst und anderen verzeihen? Sind Sie im Herzen mit Menschen verbunden, die Sie wertschätzen können? Ist es für Sie möglich, sich auf die Sonnenseiten der Bezugspersonen zu konzentrieren und für all das zunehmend Dankbarkeit zu entwickeln? Vielleicht träumen Sie manchmal sogar nachts von einem Erfolgserlebnis, das schon länger zurückliegt oder von Ihrer ersten Liebe? Was glauben Sie, warum Ihnen diese Dinge im Traum wiederbegegnen? Wahrscheinlich ist es so, dass Ihre Träume Ihnen das zeigen, womit Ihr innerer Wesenskern bereits in Berührung gekommen ist.

Dies würde bedeuten, dass alles schon da ist, aber es ist noch verborgen und wartet darauf, sichtbar gemacht zu werden. Dafür kann es wichtig sein, dass Sie aufschreiben, was Sie bereits haben und wertschätzen. Dies steigert nicht nur das Gefühl der Dankbarkeit, sondern das Aufschreiben trägt dazu bei, dass Sie sich bewusst werden, wo Sie zurzeit stehen und wohin Sie möchten. Natürlich können Sie sich auch aufschreiben, was für Sie Berufung bedeutet und wie das für Sie aussehen könnte. Auf diese Art und Weise machen Sie das Bild über Ihre Berufung, das in Ihrem Wesenskern bereits enthalten ist, nicht nur sichtbar, sondern Sie manifestieren es mehr und mehr.

Beginnen Sie also vor einer beruflichen Erneuerung mit einer grundlegenden Standortbestimmung. So wie ein Unternehmer in bestimmten Zeitabständen seine Waren auf die Waage legt und ihnen einen Wert zumisst, so kann die persönliche Buchführung durchaus ein Start in eine Zeit werden, in der Sie sich selbst mehr Wertschätzung entgegenbringen. Sowohl die materiellen als auch die immateriellen Schätze sind Anlass genug, sie immer wieder vor sich hinzulegen und wertzuschätzen.

Mit Bestandsaufnahme ist hier nicht das gemeint, was man beim Schreiben einer Bewerbung im Allgemeinen tut. Wenn man einen Lebenslauf erstellt, schreibt man meistens kurz und knapp die verschiedenen Stationen seines Lebens auf, wie Schule, Ausbildung, etc. Für das Anschreiben orientiert man sich dann an der Stellenausschreibung. Man versucht, sich für eine Stelle möglichst "passend zu machen". Das hat allerdings nichts mit der Bestandsaufnahme zu tun, so wie ich sie verstehe, wenn es darum geht, die Herzensberufung zu finden, denn hierfür ist es wichtig, sich die eigenen Talente bewusst zu machen und sie wertzuschätzen, um dann zu schauen, was man daraus macht.

Als Jutta zu mir ins Coaching kam, hatte sie ebenfalls einige Vorstellungsgespräche vor sich und dachte mit Schrecken an die unangenehmen Fragen über ihre berufliche Laufbahn. Weshalb haben Sie noch niemals die Stelle gewechselt? Welche Rolle spielen Sie in einem Team? Jutta hatte Angst, dass Personalentscheider ihr diese Fragen stellen würden – was sie vor dem Coaching verzagt und unsicher gemacht hätte. Als sie aber "auf Dankbarkeit umschaltete", sah sie ihren Werdegang mit einer anderen Brille. Sie arbeitete in einem ästhetisch eingerichteten Bürogebäude mit vielen gut gekleideten Menschen. Seit sie denken konnte, liebte sie ansprechend eingerichtete Gebäude, und deshalb hatte sie einige Zeitschriften abonniert, die sich mit stilvollen Einrichtungen beschäftigten. Schönheit und Genuss waren schon immer sehr wichtig für sie gewesen, hatten allerdings bei der Bewerbung in Firmen bisher keine Rolle gespielt. Doch jetzt war die ästhetische Umgebung in dem Unternehmen, in dem sie arbeitete, der Auslöser für Juttas Start in eine neue berufliche Laufbahn, denn die Umgebung half ihr, sich bewusst zu machen, woran ihr Herz eigentlich hing. Und so beschloss sie, nebenberuflich ein Fernstudium als Innenarchitektin zu machen. Es fiel ihr leicht, die fachlichen Inhalte ohne große Anstrengung zu bewältigen, da es ihr Spaß machte und sie eine gute Auffassungsgabe hatte.

Sobald die Glückshormone durch die Dankbarkeitsübung in den Köpfen meiner Kunden angestiegen sind, sind sie bereit dafür, die andere Seite der Brücke zu betreten. Dort befindet sich das Land der Berufung. Jutta war dankbar dafür, dass sie sich schon auf dem Weg zu ihrer Lieblingstätigkeit befand. Wenn Sie also auch Ihre Lieblingstätigkeit finden möchten, wo genau müssen Sie danach suchen? – Der Schatz ist in Ihrer Kindheit vergraben.

Dem Kind in uns gehört das Himmelreich

Im Land der Berufung

Wenn Sie mit Hilfe der Dankbarkeit eine Bestandsaufnahme von all dem vorgenommen haben, was Sie haben, können Sie damit beginnen, dem Ruf Ihrer Berufung zu folgen. Manchmal schauen Berufungssuchende skeptisch drein, wenn ich ihnen erzähle, dass man den Schlüssel zum Land der Berufung in der Kindheit findet. Auf die Kindheit werfen wir in der Therapie und in vielen Beratungen eher einen sorgenvollen Blick. Vielleicht haben Sie auch schon einmal eine Therapie gemacht, weil Sie Erfahrungen aus Ihrer Kindheit verarbeiten mussten. Dann wird sich Ihr Verstand jetzt melden und sagen: "Ausgerechnet meine Kindheit soll mir bei der Berufungsfindung weiterhelfen? Das ist doch kindisch!" "Das ist ja ziemlich naiv", sagte Frank, als ich ihm die Schatzsuche in seiner Kindheit anbot.

Ich behaupte aber, dass es einen Unterschied zwischen "kindisch" und "kindlich" gibt. Und ich behaupte weiter, dass Ihr inneres Kind die Quelle für die Selbstliebe darstellt. Ohne die Rückkehr in das Reich der Kindheit werden Sie Ihre wahre Berufung vermutlich nie finden.

Indem Sie sich wieder mit Ihrer Kindheit beschäftigen, werden Sie erfahren, was Ihnen wirklich Freude bereitet, denn Kinder sind extrem spontan, offen, lernbegierig und lebendig. Sie wissen durch ihre Märchen und fantastischen Geschichten von der höheren Intelligenz.

Jesus erinnerte seine Mitmenschen stets daran, dass sie Freude am Leben im Jetzt haben sollten, und als Beispiel nannte er gerne die Kinder: *"Wer das Reich Gottes nicht so annimmt wie ein Kind, der wird nicht hineinkommen."* (MK 10,15.2) *"Werdet wie die Kinder"*, heißt es an einer anderen Stelle.

Der erwachsene Mensch wirkt vital, wenn er seine Interessen und Vorlieben aus der Kindheit fortführt oder wiederbelebt. Auf der anderen Seite leiden Menschen, die kaum noch eine Verbindung zu den Hobbys und Leidenschaften der Kindheit haben, oft unter chronischen Erschöpfungszuständen und können leicht ausbrennen. Das dürfte doch schon Anreiz genug sein, um sich auf eine Reise in die eigene Kindheit zu begeben und längst vergessene Facetten der eigenen Persönlichkeit auszugraben.

Das Kennenlernen der Heimat

Als ich vor vielen Jahren selbst in einer beruflichen Umbruchsituation steckte, schaute ich mich mit einem dankbaren Blick im Land meiner Kindheit um. Es war eine wohltuende und bereichernde Arbeit, bei der ich meine Kindheitserfahrungen sammelte und anschließend auswertete. Wie die meisten Jungen spielte ich im Alter von acht bis zwölf für mein Leben gern Fußball. Das ist nichts Besonderes, dachte ich. Doch dann bemerkte ich eines Tages, dass ich auch als Erwachsener immer noch gerne die Jungen beobachtete, wenn sie Fußball spielten. Besonders faszinierte es mich, wenn nur eine kleine Gruppe Jungs spielte, und mir fiel ein, dass ich als Kind gerne auf kleinen Feldern trainiert hatte. Den größten Spaß hatte ich stets, wenn ich mit wenigen Jungen spielte. Dort war ich spielerisch, kreativ und in gewisser Weise ein kleiner Inspirator gewesen. Fußball war meine große Leidenschaft gewesen, und kein Tag war ohne den Ball am Fuß vergangen.

Als meine Freunde Mitglied in einem organisierten Fußballverein werden wollten, folgte ich ihnen notgedrungen. Natürlich hatte ich den Traum gehabt, so zu werden wie der Kaiser Franz, aber man hatte mir gesagt, dass ich dafür in größeren Gruppen trainieren müsste. Doch auf dem großen Feld mit sehr vielen Spielern und Ersatzspielern erlahmte mein Interesse schnell.

Heute weiß ich, dass meine Seele keinen Ankerpunkt in einem großen Team fand, was der Grund dafür war, dass ich mich beim Spiel in größeren Gruppen so niedergeschlagen fühlte. Offizielle Kleinfeldgruppen gab es in den siebziger Jahren nicht, also beendete ich zu Beginn der Pubertät mein Lieblingshobby. Für einige Zeit dachte ich gar nicht mehr daran, noch aktiv Fußball zu spielen, es wurde vielmehr ein Traum, der zwar im Unterbewusstsein immer noch vorhanden war, doch im alltäglichen Leben hatte ich ihn ausgeblendet.

Als ich Mitte dreißig in das Reich meiner Berufung zurückkehrte, begegnete ich meiner Kindheit auf eine neue Art und Weise. Ich erinnerte mich wieder an das Fußballspiel von damals und wurde mir bewusst, dass Motivieren, Inspirieren und Gründen immer noch meine liebsten Tätigkeiten waren, verbunden mit der Liebe zum Kleingruppenfußball. Als ich das erkannte, war ich dankbar. Während meine Lieblingstätigkeiten Einzug in den Entwurf meiner beruflichen Identität fanden, gründete ich eine Kleingruppe für spätberufene Sonntagskicker.

Das machte so lange Spaß, bis aus der gegründeten Gruppe eine größere Einheit wurde, die sich immer mehr verselbstständigte. Wenige Jahre im Anschluss an die Gründung trat die Mannschaft auf einem großen Feld gegen andere ältere Herren an. Viele Männer freuten sich, als wir das erste Mal mit elf Männern gegen einen anderen Stadtteil antraten. Doch was glauben Sie, wie ich mich gefühlt habe? Mein kindliches Herz war zu diesem Zeitpunkt bereits integriert, und so war ich mir darüber im Klaren, dass es meinem Wesenskern eher nicht entsprach, mit größeren Gruppen und Organisationen zu arbeiten.

Auch heute im Berufsleben besteht mein Feld aus kleinen Gruppen, am liebsten sind mir sogar Einzelpersonen. Mittlerweile begleite und motiviere ich Menschen in der Gründungsphase und entwickle dabei unglaublich viel positive Energie. Diese Energie beziehe ich aus der Freude meines kindlichen Herzens. Die Erinnerung an das Fußballspiel der Kindheit hat mir gezeigt, wo meine Schätze liegen.

Doch nun wieder zurück zu Frank. Nach seinem Aufenthalt in der Klinik konnte er seine Kindheit zum ersten Mal mit Dankbarkeit sehen: "Zu Beginn des Klinikaufenthaltes hatte ich das Gefühl gehabt, dass meine Kindheit ziemlich desaströs gewesen ist. Aber mit der Zeit und der Bereitschaft für das Dankestraining wurde mir bewusst, wie viele Möglichkeiten mir durch meine wohlhabenden Eltern in die Wiege gelegt worden waren. Sicher hatte ich schon früh Disziplin und Verantwortungsbewusstsein gelernt, doch dadurch waren die Zeiten für unbeschwertes Spielen relativ kurz gewesen. Aber ich hatte als Kind gerne mit Zahlen gespielt und war auch bereit gewesen, meinen Mitschülern bei den Hausaufgaben zu helfen. Für viele Jahre war ich der Klassensprecher gewesen, dadurch hatte ich schon sehr früh kleine Reden halten müssen. Tendenziell war ich eher ein Stubenhocker gewesen, der seine Zeit gerne mit Lesen verbracht hat. Ich war häufig in der Bücherei gewesen, und im Fernsehen hatten mich am meisten die Wissenssendungen fasziniert."

Nachdem Frank sich noch einmal seine Vorlieben als Kind angeschaut hatte, zog es ihn in den Bildungssektor. Im wurde klar, dass seine Berufung dort lag, wo er kindliche Freude verspürte, im Lehrerberuf. Er machte sich bewusst, dass sein Verstand dazu da war, ihn dabei zu unterstützen, seine Berufung auf verantwortungsvolle Art und Weise zu verwirklichen. Bei der Verwirklichung seiner Berufung spielten selbstverständlich die nüchternen ökonomischen und gesellschaftlichen Richtlinien, die er in seiner Kindheit gelernt hatte, eine Rolle. – Wird die Herzensberufung noch um weitere Kriterien ergänzt, gelangen wir zur Kernberufung.

Das Alleinstellungsmerkmal
ist die Kernberufung

Ihre Talente nützen nicht nur Ihnen

In der Zeit der Kindheit spielen, lernen und experimentieren wir mit großer Freude. Kinder sind "dem Himmel oft noch näher" und drücken ihre Herzensberufung ganz natürlich im Spiel aus. Wenn wir erwachsen sind, unsere Talente (wieder-) entdecken und zu einem Beruf machen möchten, in dem wir anderen begegnen, dann sollten wir zudem beachten, dass wir vor der Nächstenliebe immer die Selbstliebe in unserem Herzen haben. Erst wenn wir uns selbst lieben, können wir im Informations- und Leistungsaustausch mit anderen Menschen Nächstenliebe zeigen, denn die Nächstenliebe erwächst aus der Selbstliebe. Wir können die Fragen der Existenzsicherung nicht lösen, wenn wir uns ausschließlich darauf konzentrieren, was für das Gegenüber von Wert ist. Wir sollten uns vielmehr auf unsere einzigartigen Talente und Begabungen konzentrieren, denn es wird Menschen geben, für die genau das einen großen Wert hat.

Das Ausüben der Berufung findet in der Begegnung mit anderen Menschen und im Austausch mit ihnen ihre Veredelung. Die Berufung ist ein Licht, das den anderen Menschen nicht verborgen bleiben sollte. *"So soll euer Licht vor den Menschen leuchten."* (MT 5.16,1) Da der Kontakt mit anderen Menschen stets ein Aspekt der Berufung ist, ist es bedeutsam, wohin man seinen Leuchter mit dem Licht stellt und wo der andere in jedem Augenblick steht. Es bleibt demnach nicht bei einem starrköpfigen Verharren in der Herzensberufung, denn die ehrliche Auseinandersetzung mit den Fertigkeiten und Möglichkeiten erfordert eine dauerhafte Veränderungsbereitschaft.

Mitunter wird die Freude an der entdeckten Berufung gebremst, wenn es um den Begriff "Alleinstellungsmerkmal" geht, das in der Marketingliteratur auch USP (Unique Selling Proposition) genannt wird. Er bedeutet, dass jemand einen Wettbewerbsvorteil hat durch eine herausragende Eigenschaft, die seinen Mitbewerbern fehlt. Greift also doch spätestens jetzt das Prämien- und Leistungssystem? Geht es darum, dass ein Licht stärker leuchtet als das andere? Erzeugt das Alleinstellungsmerkmal eine Strahlkraft, die das Erlöschen eines anderen Lichtes zur Folge hat?

Die Freude an der Einzigartigkeit und dem Alleinstellungsmerkmal ist kein Aufruf zu einem Wettkampf der Eitelkeiten. Denn wie die Natur, die sich in einer unendlichen Vielfalt von einzigartigen Lebensformen zeigt, gründet auch jedes einzigartige menschliche Wesen in der einen lebensspendenden Quelle. Sobald das Alleinstellungsmerkmal darauf gerichtet ist, in Konkurrenzkategorien zu denken, hat das Ego die reine Marktbehauptung im Blick. Wenn wir das Alleinstellungsmerkmal aber als Aspekt der Einzigartigkeit in Verbindung mit der einen göttlichen Quelle sehen, ist der Weg zum kooperativen Denken geebnet.

Nehmen wir an, zwei Menschen entdecken ihre Herzensberufung wieder und widmen sich dem Schreiben. Diese Personen mögen sich zusätzlich auch noch beide dem Erstellen von Geschäftsbriefen verschreiben. Doch beim genauen Blick auf die einzigartige Kombination ihrer Fähigkeiten und Zielgruppen wird der Unterschied zwischen ihnen deutlich werden und sich noch verstärken, wenn sich viele Lieblingstätigkeiten mit vielen Fähigkeiten kombinieren lassen. Dabei mag ein objektiver Qualitätsunterschied zwischen beiden bestehen, doch beide folgen ihrer Herzensberufung.

Es wird demnach weiterhin geniale Schriftsteller geben, die ihre Bücher bei fast jedem Verlag unterbringen können. Auf der anderen Seite wird es jedoch auch mehr Menschen geben, die auch ohne entsprechende Begabung ihrer Liebe zum Schreiben Ausdruck verleihen. Manche von ihnen werden nur nebenberuflich dem Herzensanliegen folgen können, dabei aber die Freizeit intensiver genießen und möglicherweise noch neue Talente entdecken.

Die Einzigartigkeit der Berufung erkennen

Als Monika in das Coaching kam, stand fest, dass es an ihrer Berufung zur Heilpraktikerin keinen Zweifel gibt. Bereits vor einigen Jahren hatte sie sich zu einer nebenberuflichen Ausbildung entschieden. "Damals dachte ich, ich möchte als Heilpraktikerin möglichst viele Menschen in meiner Umgebung ansprechen. Deshalb machte ich neben meiner Heilpraktikerausbildung viele unterschiedliche Fachfortbildungen. Irgendwie war immer noch in meinem Kopf verankert, dass es wichtig ist, möglichst viele Zertifikate vorzuweisen, um zu zeigen, wie gut ich bin, und um möglichst viele Themen abzudecken."

Doch der erwartete Erfolg blieb aus. Zunächst war das nicht weiter schlimm, da Monika nur nebenberuflich als Heilpraktikerin arbeitete. Dann kündigte ihr allerdings plötzlich ihre Firma, bei der sie viele Jahre tätig gewesen war. Ziemlich schnell wurde ihr bewusst, dass sie – obwohl sie viele Therapiemethoden anbot – viel zu wenige Klienten hatte, um mit ihrer Praxis überleben zu können.

Das Hauptproblem war: Nirgends konnte man entdecken, was ihr Lieblingsthema war. Ihre Internetseite war sehr allgemein gehalten und von einem Webdesigner erstellt worden, der selbst noch nie bei einem Heilpraktiker gewesen war und sich zu wenig mit diesem spezifischen Thema auskannte. Ihren Businessplan hatte sie damals selbst mit einer speziellen Software geschrieben, nachdem sie eine ganztägige Gruppenveranstaltung besucht hatte. Ein Steuerberater hatte mit ihr im Wesentlichen noch den Zahlenteil besprochen, und dann hatte er ihr als fachkundliche Stelle den Gründungsfahrplan abgesegnet. Von einem Alleinstellungsmerkmal war Monika damals meilenweit entfernt gewesen.

Viele Berufszielsuchende berichten mir, dass die gefundene Berufung nichts Besonderes sei. "Heilpraktiker gibt es wie Sand am Meer", sagte auch Monika zu Beginn unseres Coachings. Doch wir sind kein Sand, sondern einzigartig. Deshalb ist es von Bedeutung, dass die Berufung einer weiteren kritischen Reflexion unterworfen wird und Sie die verbindenden Elemente zwischen dem Alten und dem Neuen erkennen. Oft wird einem dabei bewusst, dass ungeliebte frühere Ausbildungen oder Erfahrungen jetzt einen Sinn ergeben und mit zum Erfolg beitragen können.

Im Augenblick des Schreibens denke ich nicht immer bewusst daran, ob das Buch ein Erfolg wird. Ich liebe jedoch das Schreiben, und meine frühere Fernschreiberfunktion bei der Bundeswehr kommt mir dabei zugute. Ich hasste die Tätigkeit damals bei der Bundeswehr, heute kann ich dadurch aber nahezu blind und sehr schnell auf einer Tastatur schreiben. Das dient meiner Liebe zum Schreiben natürlich sehr. Schließt sich etwa hier ein Kreis? Machen einige der ungeliebten Ausbildungsetappen der Vergangenheit etwa doch Sinn?

Bei der Suche nach dem Alleinstellungsmerkmal geht es demnach auch darum, den Kerzenleuchter richtig zu positionieren und das gesamte Wissen über die eigene Persönlichkeit, die Ausbildungen und Erfahrungen zu beleuchten und zu sammeln.

Selbsterneuerung durch Positionierung

Sobald Sie Ihre Berufung und die zahlreichen Facetten Ihrer individuellen Persönlichkeit kombinieren, können Sie entdecken, worin Sie sich von anderen im gleichen Berufsfeld unterscheiden. Für Monika wurde nach wenigen Coachingstunden klar: Sie ist zwar als Heilpraktikerin glücklich und sehr qualifiziert, doch bisher hatte sie sich an der Konkurrenz orientiert und den Gründungsfahrplan nur für das Arbeitsamt geschrieben, ohne ein Alleinstellungsmerkmal zu formulieren. Für eine Positionierung als Spezialistin musste sie jedoch zunächst ihre Herzensberufung herausfinden.

In den Coachingstunden stellte sich heraus, dass sie am liebsten mit Kindern arbeitete, und zwar ganz besonders gerne mit Kindern, die gerade in den Kindergarten oder in die Schule gekommen waren. Nach ihrer Schulzeit wäre sie gerne Kindergärtnerin geworden. Doch damals hatte sich die Möglichkeit zu einer Ausbildung nicht ergeben. Sie beobachtete seit längerer Zeit, dass bei Kindern in Umbruchsituationen oft Ängste und Krankheiten auftauchten, und mit Kinesiologie hatte sie hier bereits einigen Patienten gut helfen können. Ihr wurde zudem bewusst, dass sie ihr Wissen gerne weitergab, weshalb sie ihre Einzelarbeit nicht nur auf diese Zielgruppe fokussierte, sondern auch praktische Seminarkonzepte für Kinder und Eltern anbot. Tatsächlich gab es keinen Heilpraktiker in ihrem Ort, der über diese Angebotskombination verfügte.

Monika hatte das Glück, sowohl eine Berufung als auch die darin enthaltene Kernberufung, ihr Alleinstellungsmerkmal, freizulegen. Manchmal sind dann noch weitere Maßnahmen nötig, wie eine zusätzliche Ausbildung oder ein Zulassungsverfahren.

Wenn Sie jedoch erst einmal Klarheit über Ihr Alleinstellungsmerkmal gewonnen haben, dann steht die Phase der Umsetzung bevor, eine Phase für die man Schwung und Zuversicht braucht. Sind Sie erst einmal an dem Punkt angelangt, an dem das Universum Ihnen die Frage nach der Berufung beantwortet hat, stellt sich die Frage, wie Sie die Energie steigern können, um die gewonnenen Erkenntnisse umzusetzen.

EINEN BERUFUNGS-SOG
ENTWICKELN

»Alles, worum ihr betet und bittet –
glaubt nur, dass ihr es schon erhalten
habt, dann wird es euch zuteil.«

(MK 11,24)

Mit dem Glauben erschaffen

Die Entkleidung des Egos

Wenn Sie herausgefunden haben, was Ihre Kernberufung ist und was Sie einzigartig macht, dann wird das Ego sich melden. Das vom Verstand gesteuerte Ego wird einiges in die Waagschale werfen, um Sie wieder zu verunsichern. Es ist die Zeit des inneren Kabarettisten, der Ihre Selbstfindung scharfzüngig als melancholische und sentimentale Phase Ihres Lebens infrage stellt. Während Sie noch gerührt von der Selbsterkenntnis sind, weiß das Ego von der schwachen Seite der Herzensberufung. So viel Angriffsfläche und Verletzlichkeit haben Sie wahrscheinlich noch nie geboten. Jetzt liegen die Wünsche klar auf dem Tisch, und das Ego erfindet ständig neue Bedenken und lässt uns an der Sache zweifeln.

Leider ist es nur so, dass wir immer genau das anziehen, was wir denken. Je mehr Zweifel wir also innerlich hegen, desto mehr Bedenkenträger ziehen wir im Außen an. Und das Ego zieht alle Register.

Als ich meine eigentliche berufliche Vision entdeckte, arbeitete ich in einem Unternehmen der Finanzbranche. Ich kam mit straff geführten Hierarchien und Führungskräften in Berührung, die ausgesprochen gut mit Zahlen und hochkomplizierten Gesetzesverordnungen umgehen konnten. Weil Fachkräfte Talent und Fleiß entwickelten, wurden sie zu gut bezahlten Führungskräften. Aber wirkliche Erfüllung fanden Sie nicht, denn mit ihrer Führungsaufgabe wurde die Kommunikation mit den Mitarbeitern rar, sie selbst wirkten unnahbar.

Ich beobachtete in der Bank viele dieser Missverhältnisse und kritisierte deshalb von Tag zu Tag meist indirekt das Fehlen von Transparenz und Kommunikation. Ich nörgelte immer mehr über die Zustände bei der Bank, und am Ende waren es schon Kleinigkeiten, die mich im Tagesablauf störten. Tatsächlich lebte ich in einer Welt voller stiller Saboteure, die sich über alles und jeden beschwerten – und ich war einer von ihnen. Mit meinem Denken zog ich zudem genau die Menschen an, die den ganzen Tag nichts weiter zu tun hatten, als sich auf hohem intellektuellem Niveau über die Bank und ihre Missstände aufzuregen. So verausgabte ich mich noch eine Weile.

Tatsächlich war all das aber nur der Widerstand des Egos. Im Ergebnis manifestierte ich mit diesem inneren Kampf genau die Situation vor Ort und tat indirekt alles dafür, damit meine Berufung, die ich mittlerweile entdeckt hatte, nicht Wirklichkeit werden konnte.

Wenn Sie Ihre Kernberufung entdeckt haben, stehen Sie genau an diesem Punkt: Sie haben mit dem begrenzten Wissen über die Zukunft die Wahl, auf welche Aspekte Sie Ihre Energie und Ihre Gedanken richten. Einerseits können Sie Ihren Fokus auf das Gelingen Ihrer Berufung richten und sich nicht beirren lassen. Sie können sich jedoch darauf konzentrieren, was im Moment nicht stimmt. Ihre Eltern sind vielleicht krank, und Sie können ihnen unmöglich die Sorgen einer riskanten beruflichen Veränderung zumuten? Sie haben vor einigen Jahren ein Haus gebaut? Die Schulden sind noch zu groß, und Sie haben Ihrem Partner versprochen, den Lebensstandard durch einen beruflichen Neuanfang nicht zu gefährden? Es gibt immer gute Gründe, genau das nicht zu tun, was sich die Seele unablässig wünscht. Das Ego hat ein ausgeprägtes Interesse daran, dass Sie nicht Ihrer Seele folgen, denn es denkt in den

Kategorien der Sterblichkeit und hat mit den Instrumenten der Vernunft nur ein Ziel: Es will überleben!

Deshalb richtete ich meinen Blick nach außen, kritisierte in meiner Bank Geschäftspraktiken und Führungsqualitäten meiner Vorgesetzten. Doch mit dieser Form des Überlebenskampfes zog ich genau das in mein Leben, was nicht zu meiner Berufung gehörte.

Es ist vollkommen unnötig, mit dem Ego zu kämpfen. Religiöse Menschen tendieren oft dazu, stichhaltige Beweise zu formulieren, die das Ego überzeugen könnten, doch es hat auf dem Gebiet der weltlichen Disziplinen ganz einfach die besseren Karten. Argumentieren und debattieren ist zwecklos.

Dennoch zeigt die Geschichte unserer Vorfahren, dass jedes Programm, jeder Staat und jedes Konzept nicht ewig existiert. Zudem ist die entdeckte Berufung ein spirituelles Wesen in der Stille des Herzens, das Erfahrungen macht. Deshalb ist die Berufung letztendlich keiner Diskussion zugänglich und bleibt ein Geheimnis der Seele.

In der Stille zum Hier und Jetzt

Sobald Sie Ihre Berufung entdeckt und das berufliche Ziel bestimmt haben, reihen sich Gedanken an Gedanken. Sie kreisen zumeist um die Fragen der fernen Zukunft. Wie lange werde ich brauchen, um den Beruf ausüben zu können? Welches Fortbildungsinstitut ist geeignet, um die erforderliche Zulassung zu erhalten? Viele ähnliche Fragen werden Ihnen im Anschluss an eine erfolgreiche Berufszielfindung in den Sinn kommen, und jede klingt im ersten Moment ganz vernünftig. Die Summe aller ungeordneten Fragen jedoch, die zu diesem Zeitpunkt auftauchen, führt zu einer Lawine von Gedanken, und die Stimmung wird trübe. "Jetzt werde ich wohl wieder abends auf der Schulbank sitzen", war der erste Gedanke von Jutta, nachdem sie sich eindeutig auf das Berufsbild der Feng-Shui-Beraterin zu konzentrieren begann. Sie hielt sich nicht nur bei diesem Gedanken auf, sondern einige weitere Gedanken gesellten sich hinzu.

Was sich noch vor nicht allzu langer Zeit wie die Befreiung vom Joch des ungeliebten Jobs anfühlte, wird so mit der Zeit zur Belastung. "Ein Berufungscoaching fühlte sich wie das gelobte Land an. Es war so verheißungsvoll, dass ich meine Berufung entdecken und mein ganzes berufliches Sein in Ordnung bringen würde. Doch dann ergaben sich neben Fragen nach der Ausbildung, dem Zeiteinsatz, der Finanzierung, den Unternehmerfähigkeiten und der Konzeptentwicklung noch viele weitere Fragen. Die Gedanken wollten nicht enden, und plötzlich war ich wieder richtig unzufrieden und voller Sorgen. Einmal war ich sogar so ärgerlich, dass ich am liebsten das Honorar von meinem Berufscoach zurückhaben wollte", erinnert sich Jutta.

Es sind meist berechtigte Einzelfragen zu Ihrer beruflichen Zukunft, doch in ihrer Masse addieren sie sich zu einer wahren Lawine auf. Machen Sie sich bewusst, dass Sie nicht in der Zukunft leben, und genauso ist die Vergangenheit nicht mehr als eine gespeicherte Information. *"Sorgt euch also nicht um morgen; denn der morgige Tag wird für sich selbst sorgen."* (MT 6,34.1) Es ist Ihr Verstand, der Sie stets in die Zukunft oder in die Vergangenheit ziehen möchte. Ihre Herzensberufung werden Sie allerdings nur in der Gegenwart in das Leben rufen.

Es wird jeden Tag aufs Neue darum gehen, Schritt für Schritt den Verstand als berechtigtes Werkzeug zu nutzen. Sobald der Verstand mehr Beschäftigung braucht, verneigen Sie sich vor ihm und gehen in die Stille. Für Jesus hieß Gottvertrauen, dem Wahnsinn der Welt im Kopf zu entfliehen. Denn nur im Kopf lebt das ungewisse Morgen und das längst vergangene Gestern.

Jutta hatte das spirituelle Verständnis und die Fertigkeit entwickelt, ihre destruktiven Gedankengänge zu beobachten, ihnen aber keine Macht zu schenken. Sie wusste, dass sie erst weitergehen konnte, wenn sie wieder Ruhe und Zuversicht in sich fühlte, denn dann hörte der Kampf mit dem Verstand auf. "Um mich wirklich mit allen Fragen konstruktiv und schöpferisch auseinanderzusetzen, ging ich den Weg zu meiner inneren Mitte. Dass ich geübt bin in Yoga, half mir dabei. In der Stille von Meditation und Körperübungen entwickelte ich ein tieferes Verständnis für meine Berufung. Ich spürte, dass es bei meiner Berufung mehr um das Leben als um den Lebensunterhalt geht. Die Stille ist somit Nahrung für meine Seele, die die Berufung in der Welt verwirklichen will. Die freudvolle Erfahrung ist das Tun und weniger das Ergebnis."

Bahnbrechende Erfindungen und Eingebungen finden oft gerade in Momenten statt, in denen man losgelöst und entspannt ist, wie z. B. in der Badewanne. Eckhart Tolle hat in seinem Buch *Jetzt! Die Kraft der Gegenwart* die Entwicklung von Gegenwärtigkeit sehr eindrucksvoll als Notwendigkeit für kreatives Denken beschrieben. Um diesen Ort der gedanklichen Stille zu finden, haben er und viele andere Lehrer Methoden und Wege beschrieben. Sie führen häufig über den Weg des Körperbewusstseins.

Nicht jeder braucht dafür ein ZEN-Seminar, einen Yogakurs oder regelmäßige Gebete. Auch findet nicht jeder Mensch Zugang zu Meditation oder Exerzitien. Vielleicht sind es für Sie regelmäßige Erfahrungen der Stille an einem ruhigen Ort in der Natur. Die regelmäßige Sammlung und das bewusste Sein in der Stille scheint meiner Meinung nach aber der Königsweg zu sein, um den nötigen Optimismus für die nächsten Schritte zu entwickeln.

Optimismus wirkt anziehend

Berufungs-SOG ist eine Schöpferkraft, die von der Berufung, von dem Berufsziel oder der Geschäftsidee ausgeht. Die Anziehungskraft, die die berufliche Vision erzeugt, ist maßgeblich für die Bereitschaft, die Ängste zu überwinden. Als Kapitän des eigenen Lebens, als Seefahrer über das oft aufgewühlte Meer namens Berufung stehen wir erst am Ufer eines grenzenlosen Ozeans. Die Berufung ist gefunden, der Kompass ist ausgerichtet, und dennoch gibt es Stimmen im Inneren, die immer noch Verwirrung und Gefühlschaos erzeugen. Der grenzenlose Ozean, auf den der Blick von der sicheren Hafenmauer aus fällt, ist nicht fassbar. In diesem Ozean lauern ganz reale Gefahren.

Wahrscheinlich tauchen viele Fragen auf, wenn Sie auf das neue Projekt blicken: Wird die Unsicherheit wirklich jemals enden? Ist es nicht viel zu mühsam, das Projekt umzusetzen? Reichen meine persönlichen und finanziellen Möglichkeiten dazu aus? Muss ich vielleicht am Ende meinen geliebten Heimatort verlassen? Ist eine teure und langwierige Aus- oder Fortbildung notwendig? Und wer garantiert mir, dass ich am Ende die Prüfung bestehe oder in dem Job genug Geld verdiene?

Wenn wir diesen Fragen zu viel Raum geben, dann laden wir wieder das Ego ein, die Führung zu übernehmen. Es wird dann neue Glaubenssätze produzieren, abgeleitet aus früheren Missgeschicken und möglichen Zukunftsszenarien, die Sie angsterfüllt zurücklassen. Gewinnt das Ego mit all seinen Zweifeln und Bedenken, werden Sie Ihre Ideen wahrscheinlich als schlecht abstempeln und in der Schublade verschwinden lassen. Ich behaupte in diesem Zusammenhang, dass in den Schubladen tatsächlich die schlechten Ideen verschwinden, denn für mich ist eine Idee erst gut, wenn sie mit Herzblut ausprobiert wurde.

Was aber erzeugt die große Anziehungskraft, die Menschen alles auf eine Karte setzen lässt? Wie entwickelten die wahrhaft Berufenen der Menschheitsgeschichte, z. B. der große britische Seefahrer James Cook, Berufungs-SOG? Biografien und Filme über diese großen Mutigen zeigen, dass sie sich wegen ihrer verrückten Haltung von anderen unterschieden. Und fragen Sie sich einmal selbst, haben Sie nicht auch die schönsten Augenblicke in Ihrem Leben erlebt, wenn Sie etwas Verrücktes taten, ganz einfach, weil Ihre Leidenschaft für eine Sache Sie antrieb?

Der leidenschaftliche Seefahrer Cook jedenfalls sah seine Berufung in der Entdeckung noch unerschlossener Gebiete. Zum Ende seines Lebens hin war die Frage über die Existenz einer Nord-West-Passage in Seefahrerkreisen brandaktuell. War es nackter Ehrgeiz, der ihn antrieb? Cook hatte zu diesem Zeitpunkt schon mehr als jeder andere Seefahrer zuvor entdeckt. Hätte er sich nicht auf seinem Ruhm ausruhen können? Die verrückten Ideen waren ihm zudem viele Jahre der Trennung von seiner Familie wert. Bis zu diesem Zeitpunkt hatte ihn überdies das Glück begleitet, was aber, wenn es ihn jetzt verlassen würde? – Wie dem auch sei, James Cook hatte wohl etwas, was für den Berufungs-SOG von entscheidender Bedeutung ist. Er konnte seine Gedanken auf das Gelingen konzentrieren, auf das, was er sich zutiefst wünschte. Sein ganzes Denken und Fühlen verschmolz zu einem Ziel. Daraus entwickelte sich der Glaube, mit dem er sich auf den Weg machte. Er war zudem bereit, einen hohen Preis zu zahlen.

Ob der Preis zu hoch war, ob sein Handeln mit guter oder schlechter Absicht geschah, mit welchen moralischen Maßstäben er das Projekt in die Welt brachte, entzieht sich meiner Kenntnis. Ob die Pioniere aller Epochen ihre Macht zum Wohle der Menschheit entwickelten und stets die Anbindung an ihre göttliche Seele behielten, ist eine Frage für Historiker und Humanwissenschaftler.

Hier geht es vielmehr um die Frage, was eine umgesetzte Berufung möglich macht. Etwas scheint alle großen Berufenen zu einen: Wenn das Bewusstsein von Freiheit, die klare Erkenntnis der eigenen Berufung und der Glaube an das Gelingen zusammentreffen, wird das Chancendenken mächtiger als das Verlangen nach Sicherheit und Stillstand. Optimistische Berufene nutzen die Macht des Glaubens und sind derart beharrlich, dass sie den äußeren und inneren Widersachern die Stirn bieten. Sie sind deshalb Optimisten, weil sie an den Erfolg denken und an ihn glauben. Auch für Jesus war die Wirkkraft des Glaubens grundlegend: *"Selig sind, die nicht sehen und doch glauben."* (JOH 20.29,3)

Auch Monika brauchte zunächst eine Inkubationszeit, als sie ihr Alleinstellungsmerkmal erarbeitete und für sich die Chance einer Erneuerung sah. Freunde und Verwandte reagierten mit skeptischen Einwänden auf ihre geplante Geschäftserweiterung – wegen der Risiken, gerade in diesen gesamtwirtschaftlich kritischen Zeiten. "Du bist wohl verrückt geworden!", sagte ihr ein Verwandter. Natürlich ließ sie dieser Gedanke nicht mehr los. Hinzu kamen noch andere Meinungen von Leuten, denen sie von ihrer Idee erzählt hatte und die ebenfalls ihre Zweifel äußerten. "Man muss keine Heilpraktikerin sein, um zu wissen, was los war. Ich hatte Stress und wusste, woher er kam", sagte Monika. Sie steigerte sich für kurze Zeit in dieses negative Denken hinein und verlor vorübergehend den Glauben an ihr Projekt. Wer kennt nicht die nagenden Zweifel und hemmenden Blockaden vor einer grundlegenden Entscheidung? Mit negativen Gedankenmustern lässt sich fast jeder gewünschte Alptraum in die Welt rufen.

Doch der menschliche Geist ist genauso in der Lage, mit den guten Gefühlen den Himmel auf die Erde zu rufen, damit die Berufung Wirklichkeit werden kann. Monika war geübt in der gedanklichen Kehrtwende und gab ihrem Kopfszenario den Namen

"Brain-Fuck". Tatsächlich braucht es meist einen Zwischenschritt, der aus dem Gefühlschaos und gedanklichen Horrorkino hinausführt. "Die Umsetzung meines Alleinstellungsmerkmals und die Erarbeitung eines Veränderungskonzeptes stellten mich vor eine enorme Herausforderung. Jedoch erkannte ich mehr und mehr, dass es keine Alternative dazu gab, wenn ich meine Wünsche realisieren und von meiner Berufung gut leben wollte. Aber bevor ich die Nerven verlor, wollte ich zu Ruhe kommen. Mentaltraining und Entspannungstechniken waren mir wohlvertraut und für mich der richtige Ansatz."

Sobald der Verstand, ein wahrhaft göttliches Geschenk, nicht mehr unserer beruflichen Vision dient, betätigen wir besser den Knopf zum Ausschalten. Monika ging häufiger in den für sie infrage kommenden Stadtteilen spazieren, nahm Kontakt zu dort lebenden Ärzten auf und begann, ihre Kernberufung Stück für Stück zu manifestieren.

⊙

Die Instrumente der Manifestation
(Gastbeiträge)

Ein Bild hat mehr Kraft als tausend Worte
von Andrea Leitold

> *"Es ist im Malen etwas Unendliches ... In den Farben sind verborgene Dinge von Harmonie oder Kontrast, Dinge, die durch sich selbst wirken und die man durch kein anderes Medium ausdrücken kann."*
>
> (Vincent van Gogh)

Was der Maler Vincent van Gogh hier so poetisch beschreibt, ist für mich als spirituelle Künstlerin eine tiefe Wahrheit. Ein Bild, das aus dem Herzen heraus entstanden ist, berührt und bewegt den Betrachter jenseits aller Worte. Es kann sogar dazu führen, dass man sich und die Welt mit anderen Augen sieht.

Unser Unterbewusstsein und unsere Seele leben in Bildern. Deswegen haben Metaphern, aber auch die Werbebotschaften der Konsumindustrie eine so große Wirkung auf uns. Sie sprechen direkt unser Unterbewusstsein und unser Gefühl an.

Aber wir haben nicht nur eine Resonanz zu den Bildern da draußen. In uns selbst existiert eine wundervolle Welt voller Farben und Symbole – manchmal sind diese Bilder unserer Seele strahlend hell, manchmal düster und erschreckend. Doch die Seelenbilder sind der Schlüssel zu einem erfüllten Leben. Wenn wir den Mut finden, uns diese Bilder anzuschauen, können wir ihre Botschaft für uns erkennen.

Mit dem intuitiven Malen haben wir ein wunderbares Werkzeug, um in Kontakt mit unserer "inneren Weisheit" zu kommen. Der Verstand mit seinen Zweifeln und Urteilen darf beim Malen vor der Tür bleiben, genauso wie die Vorstellung, ein "schönes Bild" produzieren zu müssen. Das Bild soll nicht gefallen, es soll berühren. Durch das Bild werden symbolisch Sehnsüchte und Ängste, aber auch unsere Potenziale ans Tageslicht gebracht. Selbst Menschen, die von sich glauben, nicht malen zu können, sind überrascht, wie klar ihr Inneres über Farben und Symbole mit ihnen spricht. Der französische Essayist Joseph Joubert bringt es in folgendem Zitat auf den Punkt: "Der Verstand kann uns sagen, was wir unterlassen sollen. Aber das Herz kann uns sagen, was wir tun müssen!"

So kann unser Inneres die Frage nach unserem wahren Talent ebenso beantworten wie die Frage nach inneren Hindernissen. Oft ist der wahre göttliche Kern in uns von Staub und Geröll bedeckt. Diese Barrieren bestehen aus Gefühlen der Unzulänglichkeit, aus Ängsten, hemmenden Glaubensmustern usw. Sie hindern uns daran, der freie, zufriedene Mensch zu sein, der wir eigentlich sind.

In meinen Seelenbilder-Malkursen werden zunächst die blockierenden "Altlasten" wertungsfrei und spontan auf Papier gebracht. Durch den Prozess des Malens und die anschließende Betrachtung des Bildes wird jenseits aller Worte ganz klar, was das Problem ist. Es ist nun nach draußen in die Welt gekommen, ist im wahrsten Sinne auf Papier gebannt worden. Der Maler hat es mit dem Malen aus sich heraus befördert und ist nun frei davon. Nun kann er sich den wahren Kern näher betrachten. Was hat er mir zu sagen? Was sagt er mir zu meiner Lebensaufgabe, zu meiner Berufung? Seine Botschaft bündelt wie durch ein Brennglas all die guten Dinge, die uns weiterbringen, in einem symbolischen Bild. Das, was verschwommen als Potenzial im Inneren existierte, ist nun in die Materie gekommen.

Wenn diese Vision des Herzens auf Papier oder Leinwand gebracht wird, kommt ein erstaunlicher Prozess in Gang. Für das Unterbewusste ist mit dem Fertigstellen des Bildes die Vision bereits in der Wirklichkeit angekommen. Damit hat es einen konkreten Arbeitsauftrag und fängt sofort mit der Umsetzung an, d. h. es erschafft Gelegenheiten, um unseren Traum zu verwirklichen.

Ein Beispiel aus einem meiner Malkurse soll dieses Prinzip verdeutlichen: Das Thema war in diesem Fall speziell auf Frauen zugeschnitten, und in Meditationen und mit intuitivem Malen näherten sich die Teilnehmerinnen der Kraft, die in der Weiblichkeit steckt. Sie erkannten Selbstverhinderungsmechanismen und Glaubenssätze, die sie von der Familie und dem kollektiven Unbewussten übernommen hatten und die allesamt ihren wirtschaftlichen Erfolg bremsten. Schließlich fanden alle ein Bild, das ihre neu gefundene Kraft symbolisierte.

Bei einer Teilnehmerin, der Besitzerin eines Kosmetikinstitutes, war das Ergebnis besonders beeindruckend. Sie rief mich bereits einen Tag (!) nach dem Malkurs an und konnte nicht glauben, was ihr passiert war: Kunden meldeten sich und wollten einen Termin haben, anwesende Kunden kauften Produkte, die sie empfohlen hatte. "Es ist etwas passiert, und ich könnte glucksen vor Glück. Ich bin hochmotiviert und freue mich riesig, dass ich mich zum Malkurs angemeldet habe."

Ein Kraftbild erinnert uns jeden Tag an das, was uns von innen heraus Kraft gibt, um unseren Weg zu gehen. Es ist für den Maler wie ein Wegweiser, wie ein Leuchtturm in stürmischer See. Es hilft ihm dabei, den Kurs zu halten und motiviert auf sein Ziel ausgerichtet zu bleiben.

Ein Wort sagt mehr als tausend Gedanken
von Anne Busch

Manchmal hat man vielleicht eine Vorstellung von dem, was man gerne tun möchte, was die eigene Berufung ist, doch wenn es dann an die Umsetzung geht, verlässt einen oft der Mut. Dann kann das Schreiben ein wunderbares Werkzeug sein, um wieder zur eigenen Mitte zurückzufinden und die eigene Berufung aus der Mitte heraus zu manifestieren.

Als Martina ins Schreibtraining kam, erzählte sie mir, dass es ihr größter Traum war, Kinderbücher zu schreiben. Sie hatte schon einige Geschichten angefangen in der Schublade liegen, doch sie hatte es noch nie geschafft, eine Geschichte zu beenden oder sie bei einem Verlag einzureichen. Sie hatte auch schon einige Workshops besucht. Manchmal hatten die Kursleiter ihr Selbstvertrauen in Bezug auf das Schreiben aufgebaut, manchmal hatte sie hinterher eher das Gefühl, dass sie einfach nicht gut genug war. "Aber es ist doch wirklich mein Traum", sagte sie, als sie in die erste Stunde ihres Schreibtrainings kam. "Kann es denn sein, dass ich einen Traum habe, den ich gar nicht verwirklichen kann?"

Ich bin der Meinung, dass dies nicht sein kann. Wenn jemand einen Traum hat und alles dafür geben möchte, dann ist dies ein Traum, der aus der Seele kommt oder auch aus dem Herzen. Oder anders gesagt: Würde Gott uns etwas träumen lassen, das wir nicht verwirklichen können? Meistens liegt es eher an unbewussten Programmen, Ängsten oder Zweifeln, wenn man es nicht schafft, das zu tun, was im Herzen brennt.

Heutzutage gibt es so viele Möglichkeiten, den Traum zu verwirklichen, ein Buch zu schreiben, selbst wenn man es anschließend vielleicht über Print-on-Demand veröffentlicht. Natürlich wird nicht

119

jede eine zweite Astrid Lindgren. Aber die Hauptsache ist doch zunächst, dass man seinen Traum verwirklicht und dadurch ein erfülltes Leben lebt. Alles Weitere findet sich.

Um seinem Traum näher zu kommen, sollte man ihn sich manifestieren. Natürlich kann man sich immer wieder in den kühnsten Farben vorstellen, wie es sein wird, wenn man sein Ziel erreicht hat. Effektiver ist es jedoch, dass man sich seine Träume durch Schreiben manifestiert.

Auch Martina bekam von mir die Aufgabe, sich genau aufzuschreiben, wie sie sich ihr Leben als Kinderbuchautorin vorstellt. Wenn Sie dies selbst mit Ihren Träumen ausprobieren möchten, dann sollten Sie sich ein schönes Buch zum Aufschreiben kaufen, das Sie speziell als Wegbegleiter für die Verwirklichung Ihrer Träume verwenden. In dieses Buch können Sie nicht nur Ideen für Ihre nächsten Bücher schreiben, sondern Sie haben auch die Möglichkeit, über Ihre Ängste zu reflektieren, sie durch das Schreiben zu transformieren und vieles mehr.

Für Martina wurde dieses Buch zu einem wertvollen Begleiter. Bevor sie darüber schreiben konnte, wie ihr Leben als Kinderbuchautorin aussehen sollte, schrieb sie erst einmal über ihre Ängste und das, was sie blockierte. Das las sich ungefähr so: "Manfred (mein Partner) hat neulich wieder zu mir gesagt, dass ich endlich mit den Kindereien aufhören soll. Er nimmt mich nicht ernst. Immer wieder erzählt er mir, was mir die Kursleiterin aus dem letzten Schreibkurs gesagt hat: 'Ihre Geschichten sind einfach klischeehaft und langweilig. Sie würden sich sicher nicht gut verkaufen lassen.' Natürlich entmutigt mich das alles ziemlich. Seitdem habe ich meine letzte Geschichte erst einmal in die Schublade gelegt."

Während Martina sich die Sorgen buchstäblich vom Leib schrieb, spürte sie, dass dies ihr Herz erleichterte. "Es war, als wenn sich durch das Niederschreiben in mir eine Tür öffnete, hinter der die Kraft versteckt war weiterzumachen, ganz gleich, was andere Menschen sagen", erzählte sie. "Ich spürte, wie sich diese Energie verstärkte und wie mir immer wärmer ums Herz wurde, je mehr Urteile, Ängste und Bedenken ich während des Schreibens losließ."

Dann war sie bereit dafür, ihr Ziel in einem nächsten Schritt zu manifestieren, indem sie in ihr Wegbegleiterbuch einen Artikel darüber schrieb, wie sie ihre erste Lesung in einer großen Buchhandlung in der Stadt gab, in der sie wohnte. Beim Schreiben fühlte sie sich richtig in alles hinein. Sie sah nicht nur, wie sie das Buch in den Händen hielt, ihr erstes eigenes Kinderbuch. Sie spürte, wie stolz sie darüber sein würde, dass sie es geschafft hatte, diesen Traum zu verwirklichen. Während sie schrieb, stellte sie sich sogar vor, wie die Seiten des Buches rochen. Natürlich schrieb sie auch über die zahlreichen Kinder, die während der Lesung wie gebannt zuhörten und so begeistert waren, dass sie am liebsten das gesamte Buch vorgelesen haben wollten, nicht nur Auszüge. Besonders berührte es sie, als sie niederschrieb, wie sie nach der Lesung die ersten Exemplare ihres Buches signierte. Und natürlich schrieb sie auch noch, dass in der örtlichen Presse ein Artikel über sie und ihr Debüt als Kinderbuchautorin erschien.

Martina entwickelte für sich eine Art Ritual, bei dem sie einmal am Tag immer wieder darüber schrieb, wie sie ihr Ziel erreichte, eine erfolgreiche Kinderbuchautorin zu sein. Jedes Mal schrieb sie über andere Facetten dieses Traums – und zwar so, als ob alles schon geschehen wäre.

Vielleicht denken Sie jetzt: "Ja, als Autorin hat man Fantasie, da kann man sich so etwas zurechtschreiben, die Wirklichkeit sieht jedoch anders aus." Doch dass es nicht nur Fantasie ist, besagt das Resonanzgesetz, das seit dem großen Erfolg von *The Secret* in aller Munde ist. Das, was ich in Gedanken und sogar schriftlich manifestiere, werde ich in mein Leben ziehen, wenn ich nur fest daran glaube. Wichtig für den Erfolg ist allerdings, dass man die Ängste, Zweifel und unbewussten Programme aus dem Weg räumt, die die Verwirklichung der Träume blockieren.

Als ich Martina neulich wiedertraf, erzählte sie mir begeistert, dass sie mit viel Freude an einem Kinderbuch schreibt, das sie bald beenden wird. Ach, und übrigens, das Wegbegleiterbuch für die Traumerfüllung, das sie auch weiterhin nutzt, spielt auch in ihrer Kindergeschichte eine Rolle. Schließlich hat sie durch das regelmäßige Schreiben in dem Buch die Idee für ihre Geschichte bekommen.

Fazit ist, das Schreiben ist wichtig, wenn man seine Träume oder seine Berufung manifestieren und verwirklichen möchte. Das gesprochene oder geschriebene Wort wirkt schlicht stärker als tausend Gedanken, die Sie einfach nur denken. Also beginnen Sie am besten heute noch damit aufzuschreiben, wie Sie sich Ihre Zukunft erträumen.

Die Multiplikatoren für den Berufungs-SOG

Mit Bewegung bewegt sich etwas

Sie haben Klarheit über Ihre Berufung sowie Ihr Alleinstellungsmerkmal gewonnen und Ihre Gedanken auf die Vision konzentriert. Reicht es jetzt aus, als spirituelles Wesen auf die Schöpfung zu vertrauen? Nein, denn es gibt viele spirituelle Menschen, die so viel gar nicht erschaffen und stattdessen ebenso bequem auf der Couch liegen wie alle anderen auch. Erstaunlich ist, dass der innere Schweinehund auch sie nicht ausnimmt. Es reicht nicht aus, Seminare und Workshops zur Manifestation zu besuchen, damit wir uns in unserer Haut wohlfühlen. Zum guten Gefühl, das ein Gradmesser für die Entdeckung und Verwirklichung der Berufung zu sein scheint, ist auch unbedingt die Bewegung nötig, die wie ein Multiplikator wirkt. Multiplikatoren für den Berufungs-SOG sind Vorbereitungsmaßnahmen, die Sie dabei unterstützen, die Berufung zum zukünftigen Beruf zu machen.

Als Frank noch Manager war, wusste er längst von der sinnvollen Notwendigkeit, Sport zu treiben. Als junger Mensch war er Hochleistungssportler, und jetzt erinnerte er sich daran, wie energiegeladen und fit er damals gewesen war. Dennoch fiel es ihm heute schwer, eine Bewegungsform zu finden, der er gerne regelmäßig nachging. Manchmal dauert es etwas, bevor man die Lust entdeckt, für den Körper Sorge zu tragen, manchmal muss etwas Größeres dafür ins Leben treten, so wie bei Frank.

Nach seinem Kuraufenthalt entdeckte er erst einmal seine Berufung. Als er dabei war, alles Schritt für Schritt zu manifestieren, wurde ihm klar, dass er Kraft brauchte, um die Aufgaben, die auf ihn warteten, zu meistern. Sein Körper war durch die vielen anstrengenden Jahre in der Führungsetage aufgebraucht. "Um mit Schülern arbeiten zu können, brauchte ich ebenso viel Vitalität und Power wie in meinem früheren Beruf. Mir wurde schnell klar, dass mich die Ausbildung und die spätere Arbeit mit den Jugendlichen fordern würden. Aber ich wollte das in mein Leben ziehen und spürte deutlich, dass mir dazu eine gute körperliche Fitness und ein gutes Nervenkostüm helfen würden."

Mit der Vision im Rücken, bald endlich da anzukommen, wohin er eigentlich gehörte, konnte Frank die Motivation aufbringen, seinen Körper für den langen Weg zum Ziel vorzubereiten. Doch im Gegensatz zu Frank trägt bei den meisten Menschen der innere Schweinehund den Sieg davon. Die wunderbare Figur, die gesteigerte Attraktivität oder die Reduzierung des Herzinfarktrisikos sind meist keine wirklichen Anreize für regelmäßige sportliche Aktivitäten. Manchmal mag dies kurz gelingen, weil vielleicht der Jahresvertrag im Fitnessstudio zum Durchhalten zwingt. Doch Sport ist für die meisten Menschen eine sehr anstrengende Maßnahme, zumal wenn ein zeitintensiver Job, ein langer Weg zur Arbeit und wartende Familienangehörige die Zeit am Abend bereits fast aufgebraucht haben. Dann braucht es eine Motivation, die tiefer gründet. Ich bin jedoch der Meinung, dass körperliche Bewegung Sie dabei unterstützt, Ihre Berufung zu manifestieren.

"Ich sah den Sport nun aus einem ganz anderen Blickwinkel, als in der Zeit, in der ich Leistungssport betrieben hatte. Nach und nach spürte ich, was andere meinten, wenn sie sagten, Sport sei Medizin für die Seele. Ich fühlte mich energetischer und wohler in meiner Haut und meine Muskeln wurden stärker. Das Wichtigste war jedoch, dass die Bewegung den freien Gedankenfluss erleichterte. Bewegung ist sozusagen ein Multiplikator für das, was ich in diese Welt 'hinausrufen' will. Durch den Sport steigerte ich mein Zutrauen in und meine Freude über mein berufliches Ziel."

Wenn die universelle Energie, das Höhere Selbst, Gott oder eben dieser heilige Kern in Ihnen, sich durch Sie in dieser Welt erfreuen will, dann ist das nicht vom Körper getrennt. Spiritualität und Körperlichkeit sind als Ganzes miteinander verbunden. Deshalb ist es wichtig, den Körper am freudvollen Erschaffungsprozess und am Berufungsprojekt teilhaben zu lassen.

Den Körper bejahen

Viele Menschen schütteln mit dem Kopf, wenn von der Verbindung zwischen Spiritualität und Arbeitswelt gesprochen wird. Genauso, wenn die Behauptung folgt, dass die Sexualität eine bedeutende Rolle für das berufliche Glück spielt. Bedeutet das jetzt, dass ich auch, wie oft in der Werbung unterschwellig gezeigt wird, betonen möchte, dass ohne Erotik nichts funktioniert?

Ganzheitliches Bewusstsein berücksichtigt die Liebe zu Körper, Seele und Geist. Eine Überflutung der Sinne mit erotischen Motiven mag anregen und Freude erzeugen, zielt in aller Regel jedoch nicht auf die Erfahrung von Liebe. Ihre Seele will sich durch Ihren Körper und mit Hilfe des Geistes freudvoll liebend erfahren. Das ist die Essenz der meisten spirituellen Lehren und esoterischen Ausrichtungen, ganz gleich, ob sie in einer religiösen Weltanschauung gründen oder zu allgemeingültigen Verhaltensweisen auffordern. Es bleibt die Aufgabe Ihres einzigartigen Lebens, Erfahrungen zu machen, um den Tempel der Seele, wie insbesondere Tantriker den Körper nennen, ausgiebig zu feiern. Das ist mehr als rein erotische Stimulation, sondern der körperliche Ausdruck der Bejahung der Verbindung von Himmel und Erde. Einfach ausgedrückt bedeutet es, dass die Seele über die Berührung und über das Leben im Körper Nahrung erhält.

Das gilt auch für das Berufsleben, wo neben der sprachlichen Kommunikation auch auf die Körpersprache geachtet wird. Meiner Ansicht nach haben gerade Menschen, die ihre Sexualität mutig befreit haben, eine harmonische Körpersprache und mehr Kraft und Energie, um ihre Berufung mit Entschiedenheit in die Welt tragen, als Menschen, bei denen die sexuelle Kraft blockiert ist. – Die Berufung ist der Ruf des Universums an den Menschen, genau das zu sein, was er in Wirklichkeit ist. Durch die Art der Gedanken, der Emotionen und letztendlich durch die gesamte Körpersprache wird die Berufung in die sichtbare Welt hineintransportiert. Die Transportwerkzeuge sind die Talente, Begabungen und körperlichen Merkmale, mit denen Sie ausgestattet sind.

Manche Berufszielexperten beschreiben Berufung etwas nüchtern als Pool der zur Verfügung stehenden Talente und Begabungen. Was Menschen antreibt und motiviert, ist möglicherweise zu triebhaft, animalisch oder einfach zu gefährlich, um es in einen beruflichen Ratgeber einzubauen. Meiner Auffassung nach gehört zu der Berufung alles, was dem Menschen mitgegeben wurde, um der Freude und der Liebe in der Welt Ausdruck zu verleihen. Sexualität dient nicht nur der biologischen Fortpflanzung, sondern ohne sie kann es keinen Berufungs-SOG geben.

Obwohl sich viele Menschen im beruflichen Umfeld kennen und lieben lernen, sind Sexualität und die erotische Liebe im Business meistens ein Tabuthema. In einer Berufswelt voller Abhängigkeiten, Wettbewerbe und Regularien ist es für den arbeitenden Menschen eher hilfreich, wenn er seine Intimsphäre schützt. Ethik und Moral sind bei der Zusammenarbeit ebenso notwendig wie eine Klarheit in der Rollenverteilung.

Ein zu leb- und erregungsloses Funktionieren kann jedoch eine erwachte Berufung im Keim ersticken. Deshalb beobachte ich in meiner Coachingpraxis, dass die Umsetzungsschwierigkeiten und Blockaden gegenüber dem Neuen dort besonders ausgeprägt sind, wo die berufliche Umorientierung mit einem unglücklichen oder nicht vorhandenen körperlichen Liebesleben zusammentrifft. Fasten und Enthaltsamkeit, die für die Sammlung und Neuausrichtung durchaus hilfreich sein können, können, wenn man sie ausschließlich praktiziert, auch zu einer Dauerisolation führen. Meistens fehlt es dann einfach an Dynamik und Energie, um etwas zu verändern. Denn es ist die Festtagsstimmung, die alles in Gang setzt. Zwar lässt sich das Zusammentreffen von Liebe und Sexualität nicht erzwingen; aber eine Bejahung der Sinnlichkeit ist ein entscheidender Multiplikator für den Berufungs-SOG.

Nach dem Tod ihres Mannes und einer langen Trauerphase begann für Marion der Suchprozess. Zu Ihrem Berufungsprozess gehörte die Erkenntnis, dass die Erotik in Ihrem Leben immer schon eine große Rolle gespielt hatte. In den letzten Jahren vor dem Tod des Mannes und in der langen Trauerphase war das jedoch zu kurz gekommen. Sie hatte schon fast vergessen, dass es ihr viel Vergnügen bereitet hatte. Als Ersatz für ihr unausgefülltes Liebesleben las sie Liebesromane, in denen die sexuelle Leidenschaft gelebt wurde, nach der sie sich so sehnte. "In den ersten Jahren unserer Ehe hatten mein Mann und ich die heilende und magische Wirkung des Tanzes genossen. Jetzt fragte ich mich manchmal, ob ich zu alt dafür war, um die Sehnsucht nach Erotik zu stillen? Wahrscheinlich konnte ich mich gerade deshalb zu fast nichts mehr aufraffen.

Nach ein paar erfolglosen Beziehungen, in denen ich das erotische Abenteuer gesucht, aber keine Liebe gefunden hatte, lernte ich, auch ohne Partner meine körperlichen Gefühle zu zelebrieren, nämlich durch Tanz. Wie die Naturvölker tanzte ich, um meinen Körper und meine Gefühle dabei zu spüren. Das hatte zur Folge, dass ich damit begann, meine weibliche Figur mit anderer Kleidung zu betonen. Auch ohne Partner entwickelte ich ein erotisches Lebensgefühl. Die veränderte Haltung meinem eigenen Körper gegenüber war die Initialzündung für den aktiven Neubeginn, für die Entdeckung meiner beruflichen Bestimmung."

Wenn Menschen vom zweiten oder dritten Frühling sprechen, dann verkneift sich der ein oder andere ein Lächeln. Doch diesen Frühling gibt es in jedem Lebensalter. Die Krisen des Lebens bieten die Chance, den eigentlichen Lebensauftrag zu erkennen und dahin zurückzukehren. Und zu der Rückkehr gehört häufig eine wieder erblühende Sexualität. Dazu brauchen sie weder ein Tantriker noch ein Bekenner der freien Liebe zu werden. Ich behaupte sogar, dass das Zölibat kein Korken für den Energiefluss sein muss, der alles Leben in Ihnen zum Fließen bringt. Aber ohne den Fluss von Lebendigkeit, wird niemand seine Berufung zur Blüte bringen.

Der Franziskanermönch Richard Rohr zitiert in seinem Buch[*] Bede Griffiths: "Sex ist viel zu wichtig, um ihn ganz zu eliminieren, und er ist viel zu wichtig, um leichtfertig damit umzugehen. Die einzige Alternative ist, ihn irgendwie zu konsekrieren." So wie alle Menschen spirituelle Wesen sind, sind eben auch alle Menschen sexuelle Wesen, mag die Ausdrucksweise und Intensität auch noch so unterschiedlich sein. Entscheidend bleiben das Bewusstsein und das Ja für die sexuelle Energie, denn sie ist auf die Befreiung des Lebenssinns ausgerichtet. Unser Körper ist der Tempel, der unser göttliches Selbst beherbergt. Wenn Sie Ihre Berufung verwirklichen möchten, dann sollten Sie die zentrale Antriebskraft Ihres Körpers freudig begrüßen, auch wenn er vergänglich ist, denn diese kann ein wichtiger Motor für den Berufungs-SOG sein.

---

[*] Vgl. Richard Rohr: *Endlich Mann werden. Die Wiederentdeckung der Initiation*, Claudius 2005, S. 179

MIT BERUFUNGS-SOG
ZUM KONZEPT

»Die Tür, die zum Leben führt, ist eng,
und der Weg dorthin anstrengend.
Nur wenige gehen ihn.«

(MT 7,13)

⊙

Die persönliche Berufungsaussage

Der Job für Herz und Magen

Der Schritt von Mut zu Waghalsigkeit ist nicht groß, und die Frage nach der Umsetzbarkeit einer Berufung ist nicht nur berechtigt, sondern notwendig. Kaum jemand würde eine Reise antreten, ohne zuvor auf Kartenmaterial, Reiseführer und Prospekte zurückzugreifen. Für manche Reisegebiete sind Einfuhrbestimmungen zu beachten, und manchmal ist es besser, Impfungen vorzunehmen und gesundheitlich auf der Höhe zu sein. Sie müssen ferner mit Ihrer Reisezeit und der Reisekasse auskommen. Selten genießt ein Reisender sein Urlaubsziel in vollen Zügen, wenn er sich ohne vorherige Reiseplanung auf den Weg macht. Allerdings kann eine überzogene Akribie jede Spontaneität und Inspiration abwürgen, die der Reise erst die besondere Note verleiht. – Ob es sich um ein Reiseziel, um eine Berufung oder um den gesamten Lebensentwurf handelt: Die Phase der Umsetzung kann als ein Weg gesehen werden, auf den man sich so gut wie möglich vorbereiten sollte.

In wirtschaftlich schwierigen Zeiten wird gerne vor dem möglicherweise hohen Preis einer beruflichen Veränderung gewarnt. Wenn die Absatzmärkte einbrechen, Kurzarbeit geschoben wird und die Zahl der Arbeitslosen in die Höhe schnellt, fällt das Urteil befreundeter Bedenkenträger womöglich stärker ins Gewicht. Besonders für die ganz Mutigen, die sogar an die wirtschaftliche Selbstständigkeit denken, führt das manchmal gedanklich zu einer harten Landung auf dem Boden der Realität. Es stellen sich im Planungsprozess Fragen nach dem Eigenkapital, der Finanzierung oder dem Know-how. Eine Aufgabe, die Freude und Sinn verspricht, unterscheidet sich unter Umständen auch in der tariflichen Gehaltseinstufung. Nicht selten sind die Einkommensunterschiede bei ein und derselben Tätigkeit in den verschiedenen Branchen beträchtlich. Wenn also auf dem weiten Weg zur gelebten Berufung noch einige Herbergen und Tankstellen aufgesucht werden müssen, dann stellt sich die alles entscheidende Frage: Wovon wollen Sie leben, bis Sie glücklich am Ziel angekommen sind?

Ernüchterung macht sich bei dem ein oder anderen schnell breit, wenn er plötzlich bemerkt, das der innere Ruf in einer Phase gehört wurde, in der man sich im Feiertags-Ich befand ... Jetzt sind Sie jedoch auf einmal wieder im Alltags-Ich, und nun steht noch einmal eine Phase der inneren Auseinandersetzung mit den Konsequenzen des bevorstehenden Wechsels an. Haben die Bedenkenträger im Freundes- oder Familienkreis am Ende doch Recht, wenn sie die Veränderungswünsche mit einem Spruch wie diesem torpedieren: "Der Job zahlt dein Essen, und wenn der Magen dich tagtäglich vor Hunger quält, hast du gar nichts von deiner gefundenen Berufung!"?

Das Entweder-oder-Denken findet sich nicht nur in der Welt der Politik, wo sozialer Idealismus unversöhnlich auf Wirtschaftsliberalismus stößt. Sind in Zeiten der Krise die Mägen leer, sind die auf Ratio getrimmten Neoliberalen demoskopisch im Vormarsch, wie man aus den Sonntagsumfragen der Meinungsforscher ablesen kann. Dann weicht in der öffentlichen Diskussion das "esoterische Geschwätz" dem nüchternen Denken der Experten. In guten Zeiten wiederum, das heißt in "fetten" Zeiten mit ausreichendem "Sicherheitsnetz", wächst der Hunger nach sozialem Ausgleich und Gerechtigkeit. Ökonomischer Sachverstand wirkt dann wie herzloses Gerede.

132

Mir ist bewusst, dass ich an der Stelle übertreibe, jedoch nur, um eines besonders hervorzuheben: So wie im politischen und gesellschaftlichen Geschehen ist auch die Versuchung des Einzelnen groß, mit sich selbst permanent im Wahlkampf zu liegen. Zwei Herzen mit diametralen Ansichten schlagen einem in der Brust und streiten sich. Wie in der Politik schließen die beiden schlussendlich eine Koalition, aber keine Liebesehe. Doch die Versöhnung beider Pole führt zur gesunden Berufswahl und letztendlich zur richtigen Entscheidung innerhalb der Konzeptphase.

Jede berufliche Veränderung ist einzigartig und im Hinblick auf die ökonomischen Rahmenbedingungen ganz unterschiedlich. Damit lassen sich in einem Ratgeber keine allgemeingültigen Aussagen über eine Strategie zur Umsetzung treffen, da diese für jeden Neubeginn individuell ist: Während Marion auf eine größere Erbschaft zugreifen konnte, kamen Jutta schon recht früh Ideen zur finanziellen Überbrückung in den Sinn. Frank hatte eine relativ kurze Konzeptphase, weil er die Nachfrage für seine zukünftige Aufgabe deutlich beziffern konnte. Diese Beispiele sollen deutlich machen, dass sich die Umsetzung der Berufung nur mit einem Mix aus Besonnenheit und Entschiedenheit, aus feuriger Leidenschaft und kühlem Augenmaß bewerkstelligen lässt.

Wer sich von den Erfordernissen, die zur Umsetzung der Berufung notwendig sind, einschüchtern lässt, wird weiter in der Welt des Alltags wandeln. Doch der Schreck der Ernüchterung muss nicht von Dauer bleiben. Hatte die Beschäftigung mit der Berufung bisher etwas Heiliges, zielt die Konzeptphase auf Versöhnung, und auch der Verstand sollte seinen Platz einnehmen. Wollen Sie den Verstand als ein Geschenk betrachten, das Ihnen hilft, sowohl das Herz als auch den Magen zu füllen? Würden großartige Pioniere wie James Cook heutige moderne Messgeräte nicht nutzen, um in kürzerer Zeit zum Ziel ihrer Träume zu kommen?

In der Konzeptphase begegnen sich Herz und Verstand in Freundschaft. Damit eine noch zarte Pflanze dem rauen Wetter standhält, wird der Verstand helfen, ein Konzept für die Befreiung des Lebenssinnes zu schreiben.

Der Preis der Freiheit

Bei der Umsetzung Ihrer Berufung, Ihres Alleinstellungsmerkmals und Ihrer Idee stellt sich spätestens jetzt die Frage, wie frei Sie leben wollen. Welche Bedeutung hat für Sie das Wort Freiheit? Viele Freunde und Experten werden Sie fragen: Haben Sie überhaupt das Zeug zum Unternehmer oder zur Führungskraft? Hier ist die konstruktive Kritik eines Beraters oder kompetenten Freundes ein Geschenk für die anstehende Richtungswahl.

Leider wird hier allerdings viel eher die Frage nach den vorhandenen Fähigkeiten und dem Potenzial gestellt. Doch bevor Sie Ihre Talente ausbauen und sich Unterstützung in den Defizitbereichen holen, sollten Sie eine wichtige Frage vom Herzen her klären: Ist die unternehmerische Freiheit tatsächlich das, was Sie wollen?

In der Konzeptphase ist es möglich, ein Gespür für die Konsequenzen der Richtungswahl zu entwickeln. Der interne Unternehmer, der unternehmerische Angestellte, der Manager oder die Führungskraft im Unternehmen werden sich ähnliche Fragen in der Konzeptphase stellen müssen. Ist der Sinn für das Unternehmerische ausgeprägt genug? Was macht diesen Unternehmergeist im engeren Sinne eigentlich aus? Diese Frage mag von Unternehmensberatern ganz unterschiedlich beantwortet werden. Für mich liegt der zentrale Punkt in einer Bejahung des Ganzen. Das klingt auf Anhieb nicht besonders verständlich, und deshalb möchte ich dies mit einer Geschichte erklären.

Ich werde nie ein Gespräch zu Beginn meiner beruflichen Laufbahn vergessen, das ich mit meinem Chef führte. Vor etwa zwanzig Jahren war ich "frisch gebackener" Trainee in einem Finanzinstitut. Mein väterlicher Chef stand kurz vor der Pension, sein Nachfolger arbeitete sich bereits ein und seine letzten Tage im Unternehmen nutzte der alte Chef für zahlreiche Gespräche. Zu diesem Zeitpunkt führte er einen Bereich von über zweihundert Personen, und er blickte mit viel Genugtuung auf sein berufliches Lebenswerk. Manchmal tat er dies jedoch mit sehr viel akademischem Hochmut, und das ärgerte mich stets ein wenig.

Einmal provozierte mich sein Hang zum selbstgefälligen Monolog so sehr, dass ich den Sinn seiner Worte offen infrage stellte. Ich hätte eine scharfe Rüge für meine respektlose Haltung erwarten dürfen, doch der Senior erteilte mir eine weit nachhaltigere Lektion. Er kannte meine Kölner Herkunft und antwortete mit einem Witz aus meiner Heimatstadt. Ob es diesen Witz wirklich gibt oder ob er ihn schlagfertig einsetzte, ist dabei völlig unbedeutend. Der Witz lautete in etwa so: Seit jeher gibt es in Köln zwei Witzfiguren, die über die Stadtgrenzen hinaus sehr bekannt sind. Es sind Tünnes und Schäl, zwei närrische Figuren, die einmal in Köln lebten und allerhand lustige Dummheiten anstellten. Zu dieser Zeit sollen in Köln Näpfe an den Bordsteinen aufgestellt worden sein, damit die Menschen nicht auf die Straße spuckten. Unsere beiden kölschen Originale marschierten bei ihrem abendlichen Gang in die Kneipe an solchen Näpfen vorbei, als der eine plötzlich eine Wette um ein Kölsch vorschlug. "Wenn du den Mut hast, einen Schluck aus dem Spucknapf zu nehmen, zahle ich eine Runde." Zur Überraschung des einen schnappte sich der andere den Napf und begann, die schaurige Flüssigkeit zu trinken. Erschreckt rief der andere: "Gut, gut – du bekommst dein Kölsch! Höre sofort mit auf!" Aber der Freund hörte nicht auf, und der andere schrie voller Entsetzen: "Gut der ganze Abend geht auf meine Rechnung. Höre jetzt bitte auf!" Aber er hörte erst auf, als der ganze Napf leergetrunken war und stellte ihn dann kreidebleich wieder in das Gestell zurück. "Bist du denn verrückt geworden? Warum machst du solchen Unsinn?", fragte der Freund fassungslos. "Es war alles an einem Stück", antwortete der andere.

Auch heute noch schüttelt mich der Witz – und doch ist gerade ein Schütteln bioenergetisch hervorragend, um die Dinge klarer zu sehen. Egal, wozu Sie sich entscheiden mögen: Ein bisschen Berufung leben, ist wie keine Berufung leben. Eine Tätigkeit nur mit halbem Herzen auszuüben, ist wenig Erfolg versprechend. Um zu experimentieren und erste Berufserfahrungen zu sammeln, kann der Einstieg über den Nebenberuf empfehlenswert sein. Wenn Sie aber erkennen, dass das eigentliche Motiv in der Risikominimierung liegt, überdenken Sie das ganze Projekt. Sie können dem natürlichsten Merkmal der Selbstständigkeit nicht aus dem Weg gehen: Es ist alles an einem Stück. Machen Sie sich selbstständig, dann ist das Risiko irgendwie immer mit dabei. Doch wenn Sie das Risiko wählen, wählen Sie auch alle Chancen einer beruflichen Befreiung mitsamt den höheren Gewinnspannen. Wählen Sie dagegen die Sicherheit in einer festen Anstellung, dann akzeptieren Sie als Konsequenz eine Einschränkung Ihrer Freiheit.

Das Denken in Risiken und Chancen gehört zum Gesamtprogramm des Veränderungsprozesses – und das ganz besonders, wenn die Berufung in einer freiberuflichen Aufgabe liegt. Die Schwankungen von Einnahmen und Ausgaben sind schwer vorauszuberechnen, und hoffnungsvollen Phasen folgen unvorhergesehene Flauten. Es wird Zeiten des Fastens geben, denn das gehört zum ganzen Programm, das Sie wählen. Sie kennen den Preis der Freiheit, Sie kennen aber auch den Lohn für Geduld und Durchhaltevermögen.

Es ist nicht egal, ob Sie aus einer Familie mit dem Unternehmer-Stallgeruch kommen, bereits Mitarbeiter geführt haben und in

Berührung mit kaufmännischen Fragen gekommen sind – oder ob Sie bei null anfangen. Die Zahl der Anforderungen, die aus der gefundenen Berufung erwachsen, ist groß, besonders wenn Sie in ein vollkommen neues Berufsfeld wechseln oder ein Unternehmen gründen. Machen Sie sich bewusst, dass der erfolgreiche Selbstständige permanent vor Veränderungen steht.

In der Regel macht allerdings gerade das lebenslange Lernen das Unternehmersein so anziehend – die Konsequenz, die aus der Freiheit erwächst. Lassen Sie sich nicht ausschließlich von staatlichen Fördermitteln in die Selbstständigkeit locken oder weil Sie auf dem mageren Arbeitsmarkt kaum noch Chancen für sich sehen. Der erste Schritt ist ein erfolgreicher Schritt, wenn Sie das ganze Paket mit einem vollen Ja annehmen wollen.

Die Berufungsanfrage präzise formulieren

Sobald Sie genau wissen, was Sie wollen, werden Sie Pläne und Bewerbungsschreiben einreichen. Das ist für viele ein nicht ganz leicht verdauliches Teilstück des Ganzen. Von außen betrachtet werden Gründerfahrpläne und Vorstellungsunterlagen für die geschrieben, die anschließend den Finger heben oder senken. Sie sollen dem Gegenüber demonstrieren, dass man in der Lage ist, das Projekt zu stemmen, sei es als Unternehmer oder als Angestellter. Deshalb macht die Konzeptphase zu Beginn oft Angst, weil sie wieder an die streckenweise düstere Ausbildungszeit erinnert. Zu ähnlich klingen diese Worte wie die aus früheren Schulzeiten, als unsere Latein- oder Mathelehrer uns mit Phrasen wie dieser ermutigten: "Ihr lernt nicht für uns, sondern zu eurem eigenen Wohl und für das eigene Leben!" Wir alle wissen heute, wie wenig von dem Erlernten in der konkreten beruflichen Praxis verwendbar ist und dass die Abschlusszeugnisse in erster Linie als eine Art Eintrittskarte verstanden werden. Zurück bleibt das Gefühl, dass das eigene Glück von den Entscheidungen der anderen abhängt.

Und jetzt werden viele von Ihnen, die den langen Weg der Berufungsfindung gingen, ebenso in erster Linie an die Eintrittskarten denken. Wieder einmal wird etwas von außen an Sie herangetragen, und auf den ersten Blick erscheint das Ganze fremd und wenig attraktiv. "Konzepte und Zahlen sind doch letztendlich etwas für Buchhalter und Banker", sagte Jutta, als sie sich eigentlich nur noch um ihre Vision von der Feng-Shui-Beratung kümmern wollte. Insbesondere wenn Sie arbeitslos sind und die Berufung sich eben nur über eine selbstständige Tätigkeit ins Leben rufen lässt, müssen Sie in kürzester Zeit einen schriftlichen Fahrplan mit nüchternen Aussagen und glaubhaftem Zahlenmaterial zusammenstellen. Wird spätestens jetzt die nackte Realität Sie einholen, eben durch einen Plan, der auch von Bankern und Buchhaltern gelesen und verstanden werden muss? "Mit Herz hat das nun überhaupt nichts zu tun", meinte Jutta sichtlich entnervt, doch dann beschloss sie: "Bevor ich Geld vom Staat und ein zinsgünstiges Darlehen von der Bank verschenke, lasse ich mir von Computerprogrammen und einem fachkundigen Steuerberater bei der Erstellung eines Konzeptes helfen. Mit einem überzeugenden Businessplan erhalte ich den Gründungszuschuss vom Arbeitsamt und die Chance auf einen günstigen Bankkredit."

Ob Sie sich nun mit der gefundenen Berufung auf eine Stelle bewerben oder sich für eine selbstständige Aufgabe entschieden haben: Um die aktuellen Anforderungen an den Inhalt und die Form zu erfüllen, steht Ihnen eine reiche Auswahl an Fachliteratur, Seminaren und Informationsbroschüren zur Verfügung. Im Wesentlichen geht es darum, welche Aspekte von außen Sie in Ihrem inneren System verarbeiten müssen. Das ist wichtig und kann als möglicherweise unverzichtbare Ergänzung dienen. Achten Sie jedoch darauf, dass negative Gedanken, die vielleicht im Außen von anderen an Sie herangetragen werden, sie nicht beeinflussen. Denn die Fremdbestimmung hat für die meisten von uns zur ersten Berufswahl geführt, und es gilt jetzt, eine Wiederholung der Geschichte zu vermeiden. Das Konzept soll in erster Linie eine klare schriftliche Beschreibung dessen sein, was Sie jetzt beruflich tun wollen. Ein überzeugend geschriebener Businessplan ist erst dann eine Eintrittskarte, wenn es um Ihr eigenes Programm geht, zu dem Sie andere einladen. Und der Start in eine veränderte Sichtweise des Businessplans ist das Bewusstsein, dass Sie bereits längst mit dem Spiel der Freude begonnen haben. Auch in den scheinbar so nüchternen Phasen der Konzepterstellung geht es immer um die Berufung. Deshalb geben wir dem Gründungskonzept besser von Anfang an einen anderen, sehr viel motivierenderen Namen: Ihre persönliche Berufungsaussage.

Der Schöpfer Ihres beruflichen Lebens sind Sie. Deshalb ist die schriftliche Berufungsaussage zuerst einmal eine Beschreibung der Persönlichkeit mit allen Facetten, die Sie in das neue berufliche Wirkungsfeld einbringen wollen. Manchmal ist es ratsam, persönliche Qualitäten und Fähigkeiten zu beschreiben, die auf den Adressaten einen besonders guten Eindruck machen. Darum geht es aber stets nur in zweiter Linie. Mit der persönlichen Berufungsaussage manifestiert man genau die Persönlichkeit, die man sein will. Nur wenn *die* Gedanken und Bilder über die Persönlichkeit Eingang in das Konzept finden, die auch bei Ihnen ein warmes Gefühl hinterlassen, wird sich der Geist in Bewegung setzen und zum Unternehmenserfolg beitragen. Deshalb ist es nicht ratsam, allgemeingültige Persönlichkeitsmerkmale zu notieren, die den Gründungsberater oder Bankangestellten vorläufig überzeugen. Ebenso ist es nicht sinnvoll, einen Fachexperten mit dem Schreiben der Berufungsaussage zu beauftragen. Das geschriebene Wort ist ein lebendiges Instrument, um mit der inneren Berufung in Kontakt zu bleiben. Mit Hilfe der Berufungsaussage erschaffen Sie vor Ihrem geistigen Auge genau das Kunstwerk, worauf Sie ein Leben lang gewartet haben. Nur ein Gründungsberater, der

Sie darin unterstützt, Ihr eigenes berufliches Lebenswerk mit Hilfe der Sprache zu erschaffen, ist sein Geld wert. Der Coach und Existenzgründungsberater behält eine Lotsenfunktion in Gewässern, in denen sich der Konzepersteller noch nicht auskennt. Die innere Wirklichkeit muss stets mit der Realität in Einklang gebracht werden. Die Rahmenbedingungen sind nicht immer feststehende Grenzen, können aber manchmal nicht ignoriert werden. Primäre Aufgabe eines Beraters in der Konzeptphase kann es aber nicht sein, schon zu früh die Kreativität des Berufenen mit Formalien und Sicherheitsabschlägen zu ersticken.

Die Persönlichkeit und das Programm der Berufung werden in der Gegenwart geschrieben, zum Beispiel: "Ich unterstütze mit Freude andere Menschen bei ihrer Selbstheilung. Deshalb bin ich Heilpraktikerin." Auch wenn Sie zu dem Zeitpunkt realisieren, dass noch nicht alle Voraussetzungen für den Lebensentwurf im Hier und Jetzt erfüllt sind, wissen Sie genau, wohin Sie wollen. Sie haben es niedergeschrieben, ihr Grundsatzmanifest, das die Verwirklichung Ihrer Berufung in Ihr Leben zieht. Es ist der Ausgangspunkt, mit dem genügend Schwung zur Bewältigung der kommenden persönlichen Entwicklungsmaßnahmen genommen werden kann.

Die Berufungsaussage als Persönlichkeitskompass

Mit der Berufungsaussage spezifizieren Sie genau Ihre Neigungen und die Vielzahl von Fähigkeiten, die Sie für Ihr berufliches Vorhaben benötigen. Es gibt sicherlich Berufsbilder, in denen relativ talentfreie Menschen zu Berufsmillionären werden, und auf der anderen Seite wird die Bedeutung der nötigen fachlichen Qualifikationen für einen Beruf von Personalexperten tendenziell überbewertet.

Doch unabhängig davon, ist die Berufungsaussage notwendig, um mit realistischem Augenmaß eine Selbsteinschätzung vornehmen zu können. Eine klare Beschreibung der Kluft zwischen den Neigungen und den tatsächlich vorhandenen Fähigkeiten hilft, die Lücke schnellstmöglich zu schließen.

Um nicht von vornherein die Hoffnung auf Erneuerung zu zerstören, ist deshalb die Bereitschaft nötig, sich ausreichend Zeit für die Planung und Umsetzung zu nehmen. Weil die Berufungsaussage einen ehrlichen Soll-ist-Vergleich der vorhandenen Stärken ausdrücken sollte, muss zwischen dem Planungsbeginn und dem Startschuss für den beruflichen Neuanfang genügend Zeit liegen. *"Wenn einer von euch einen Turm bauen will, setzt er sich dann nicht zuerst hin und rechnet, ob seine Mittel für das ganze Vorhaben ausreichen?"* (LK 14,28)

Mit den harten Eignungstests von Unternehmens- und Personalberatern wird die Berufungsaussage für viele bereits am Anfang zu einer unglaublichen Belastungsprobe. Jetzt kann wieder nur die Frage helfen: Wollen Sie immer noch am Ziel Ihrer Träume ankommen?

Jutta nahm sich, lange bevor sie ihr Angestelltenverhältnis aufgab, genügend Zeit für die problematischen Bereiche in ihrem Businessplan. Die Schwachstellen auf dem Weg zur beruflichen Neuorientierung wurden dadurch offensichtlicher, die entsprechenden Lösungsmaßnahmen entwickelte sie aus ihren regelmäßigen Aufzeichnungen. "Immer wenn ich mich mit meinen Aufzeichnungen auseinandersetzte, konnte ich mich optimal auf die Fragen vorbereiten, die ich bereits tätigen Experten in Gesprächen über ihre Erfahrungen stellen wollte. Mir wurde auch klar, wo ich noch Schwächen hatte, was mir aber auch dabei half, das richtige Ausbildungsinstitut zu finden, an dem ich gerade zu diesen Themen etwas lernen konnte und das am besten zu meiner Persönlichkeit passte."

Die Planungszeit ist ein Puzzlespiel, bei dem Sie am Anfang noch nicht alle Teile bzw. Fakten kennen. Deshalb sollten Sie sich gut darauf vorbereiten, bevor Sie Ihre Berufungsaussage formulieren. Ob das gefundene Puzzleteilchen sich mit Ihrem seelischen Berufungsbild verträgt und dazu passt, können Sie nur entscheiden, wenn Sie geduldig wahrnehmen und selbstreflexiv bleiben. Doch eine gute Gründungsbegleitung hat einen Blick für stimmige Antworten und kann Sie dabei unterstützen, die Fragen in der richtigen Reihenfolge anzugehen und die wesentlichen Fragen im Auge zu behalten.

Wenn Sie damit beginnen, Informationen über die Ausübung der Berufung zu sammeln, ist es zunächst wichtig, die Kernkompetenzen zu bestimmen. Diese entsprechen dem persönlichen Wesenskern und dem Alleinstellungsmerkmal, welches auch den Nutzen für andere beinhaltet. Diese Fähigkeiten sind die Eintrittstür in den neuen Beruf. Eine der ersten Fragen in der Erstellung der Berufungsaussage ist daher: Welche Qualifikationen, die für die Ausübung der Berufung wichtig sind, besitzen Sie bereits jetzt? Welches Potenzial haben Sie darüber hinaus? Das persönliche Potenzial liegt in den Tätigkeiten, die Sie schätzen und lieben, die aber im Moment noch einer weiteren persönlichen Entfaltung bedürfen, von denen manche für die Realisierung der Berufung jedoch von ausschlaggebender Bedeutung sind. Manche Berufsbilder verlangen Genehmigungen und Zulassungsvoraussetzungen, um die Sie sich ebenfalls vorab kümmern sollten.

Für Frank war im Berufungsprozess schon früh klar, dass eine selbstständige Aufgabe zu umfangreich und zeitintensiv für ihn sein würde. Er wollte seine Berufung, das Lehren und Ausbilden, lieber in einer festen Anstellung leben. Deshalb wählte er ein Aufbaustudium zum Diplom-Handelslehrer: "Mir kam zugute, dass ich finanzielle Reserven mobilisieren und mich so nochmals auf die Schulbank setzen konnte."

142

Auch wenn Sie für die Ausübung Ihrer Berufung noch Aus- oder Weiterbildungen benötigen, sollten diese somit nicht nur immer im Einklang mit Ihren Kernkompetenzen, sondern auch mit Ihren Möglichkeiten stehen.

⊙

Den Nutzen der Berufung erkennen

Die Geschäftsidee als Ausdruck der Berufung

Irgendwann kommt der Zeitpunkt, da muss die Berufung sich in einer Geschäftsidee ausdrücken. Manche Menschen erspüren die Strömungen der Zeit und wählen einen Trendberuf, um damit erfolgreich zu sein – verfehlen aber sich selbst dabei. Andererseits sollte die Ausübung der Berufung auch einen Nutzen für andere bieten. Sie braucht einen Markt der Möglichkeiten.

Der Berufungsprozess ist ein Weg, der von innen nach außen führt. Nur wer mit seiner Berufungsaussage nach außen tritt und sich den Fragen stellt, wird die Freude mit anderen teilen und den nährenden Energieaustausch erfahren. Der Weg von außen nach innen führt dagegen in aller Regel zu einer von Konkurrenz und Vergleich geprägten Sichtweise. Dann wird gern spöttisch von Ideenklau und Verdrängungswettbewerb gesprochen. Wenn aber die innere und bleibende Ausrichtung durch den Wesenskern gegeben ist, kann die dynamische Betrachtung der Begegnungsstätte Markt beginnen. Denn der Markt ist nicht anderes als ein Forum des Energieausgleichs. In einer Haltung der Liebe entwickeln sich Ideen, wie die unterschiedlichen Bedürfnisse und Interessen zum Ausgleich gebracht werden können.

Dass auf dem Markt der Geschäftsideen immer wieder die negativen Energien Einzug halten, konnte Kerstin bei ihren Recherchen nur bestätigen. Bei der Suche nach geeigneten Geschäftsfeldern begegneten ihr Finanzexperten, die alten Menschen Risikopapiere anboten. Später in der Wirtschaftskrise beschäftigte sie sich mit den Geschäftspraktiken von international operierenden Finanzinstituten, die sich dem Trend anschlossen und sich zu regelrechten "Luftbuchungen" hinreißen ließen. Die enormen Gewinn- und Einkommensmöglichkeiten zogen zudem auch Berufstätige an, die nicht über die ausreichende Fachkompetenz im Finanzfach verfügten. Durch die scheinbar aus dem Nichts hereinbrechende weltweite Wirtschaftskrise konnte Kerstin beobachten, dass viele ältere Leute von diesen negativen Energien der Gier selbst infiziert worden waren und dadurch ihre ganze Altersvorsorge aufs Spiel gesetzt hatten.

Welchen Nutzen hatten sich die Teilnehmer von alldem versprochen? Ein Großteil der Finanzpapiere war geschaffen worden, um damit eine künstliche Nachfrage zu kreieren, der kein realer Gegenwert mehr gegenüberstand. Bereits Äsop spottete in einer Fabel im alten Griechenland vor mehr als zweitausend Jahren über die Folgen der Gier. Er schrieb von einer Bauersfrau, die aus lauter Gier nach Eiern das Huhn nicht mehr liebte, sondern mästete.

Daraus entwickelten sich die weltberühmten Geschichten und Gedichte um das Huhn, das goldene Eier legte und das letztendlich vom Bauern geschlachtet wurde, weil es eben pro Tag nur ein goldenes Ei legte. Am Anfang liebte er das Huhn sehr und kümmerte sich aufmerksam um dessen Wohlergehen, doch der Wunsch des Bauern – und in der aktuellen Situation der der Teilnehmer am Finanzroulette –, "sagenhaft reich" zu werden, führte zu einer Veränderung im Denken und zu der Abkehr vom Prinzip der natürlichen Nachfrage.

Wenn Sie damit beginnen, Ihre Berufung in eine Geschäftsidee umzusetzen, gehen Sie davon aus, dass es eine natürliche Nachfrage nach Ihrem Produkt oder Ihrer Dienstleistung gibt. Die Befriedigung von natürlicher Nachfrage verschafft Glück und Freude, weil der Kunde einen wirklichen Nutzen aus dem Geschäft hat. Innerer und äußerer Reichtum ergänzen sich dann harmonisch. Der Bauer war reich, weil er sein Huhn wertschätzte und ihm das gab, was das Huhn tatsächlich brauchte, bis die Gier nach Reichtum bzw. goldenen Eiern sein Denken beherrschte.

Mit dem Blick auf die Märkte verschaffen Sie sich einen Überblick über die möglichen Gemeinsamkeiten zwischen Ihnen und Ihren Kunden. Das Bewusstsein für das Absolute, für den Idealfall der Berufung, schließt durchaus den Kompromiss mit ein. Selbstverständlich bleibt das Ziel bestehen, dass möglichst viele Ihrer Berufungsaussagen Eingang in das Geschäftsfeld finden werden. Es geht schließlich um die optimale Realisierung der Berufungsaussage und nicht um einen Preis bei einem kreativen Ideenwettbewerb. Eine vollkommen neue Idee ist zwar hilfreich, aber nicht zwingend erforderlich. Vielmehr sollten Sie sich aus dem reichhaltigen Erfahrungsschatz der bereits bestehenden Geschäfts- und Aufgabenfelder bedienen, die nahezu alle Informationen bereithalten, die Sie benötigen.

Von der Ideenentwicklung zur Berufsaussage

Um die Berufung in eine Geschäftsidee umzusetzen, ist es nötig, mit anderen Menschen zu kommunizieren. Es gehört dazu, Informationen zu sammeln und den Markt zu erkunden. Aus meiner Erfahrung ist die fehlende Bereitschaft zum Kontakt mit anderen Menschen eines der größten Risiken für die erfolgreiche Umsetzung der Berufung. Um die Berufung in Ihr Leben zu bringen, ist ein ausgeprägtes Interesse am späteren Kunden erforderlich. Durch die Begegnung mit anderen Menschen gewinnen Sie zudem immer wieder neue Erkenntnisse über den Nutzen, den die einzelnen Puzzlesteine Ihrer Berufung für andere Menschen haben können.

Wenn Ihnen der Kontakt zu anderen Menschen oder zum Kunden schwerfällt oder das für Sie noch ungewohnt ist, können Sie sich auch an Berufsverbände und Kammern wenden, die Seminare für den Einstieg in die berufliche Selbstständigkeit anbieten.

Die Gespräche mit anderen Menschen sowie die wertvollen Informationen, die Sie dabei sammeln, lassen Sie noch eine andere Sichtweise einnehmen: Sie sind ein Element in einem größeren Gesamtsystem, dass beständig in Bewegung ist. Während Ihre Berufung durchaus die gleiche bleibt, unterliegen die Produkte und Dienstleistungen stetigen Veränderungen. Um das Leben mit dem Überleben zu verbinden, haben Sie mit Ihrer Berufung daher die Aufgabe, die entsprechenden Nischen zu finden. Es ist jetzt an der Zeit herauszufinden, welche Kombination im Augenblick zum Zeitgeist passt und sich auch von anderen Angeboten unterscheidet.

Viele berufene Gründer geraten gerade hier unter Stress, weil sie sich unter Zeitdruck setzen. Doch eine weite Reise beginnt mit einem kleinen Schritt, und es ist aus meiner Sicht von großer Bedeutung, dass der Gründer bei seinen Kontaktaufnahmen und der Informationsbeschaffung sowohl Geduld als auch Beobachtungsgabe entwickelt. Natürlich sollten Sie auch daran glauben, dass Sie Ihr zentrales Thema oder Ihre Nische finden.

Durch die besondere wirtschaftliche und gesellschaftliche Entwicklung wurde Kerstin deutlich, dass in der Finanzbranche neue, vertrauensbildende Maßnahmen ergriffen werden müssen. Viele ältere Mitbürger hatten vor dem Platzen der "Finanzblase" ihre Altersvorsorge in Risikopapiere gesteckt und waren wie erstarrt, als sie von den hohen Verlusten erfuhren. In Zukunft würden sie wahrscheinlich lieber abwarten, bevor sie sich zu einer Geldanlage entschließen würden. Also brauchten sie jemanden, der sich sehr gut damit auskannte und absolut vertrauenswürdig war. Hier sah Kerstin ihre Chance gekommen.

Um sich auf ihre zukünftige Geschäftsidee vorzubereiten, beobachtete sie für eine lange Zeit, wie die Dienstleistungsprodukte an die veränderte Situation angepasst wurden. Sie befragte die Anbieter und beobachtete das Verhalten der Nachfrager. Sie führte Interviews, als sei sie bereits in ihrem neuen Dienstleistungsjob. Sie sammelte Fakten zur neuen beruflichen Tätigkeit und stärkte damit Schritt für Schritt ihren Glauben an das Gelingen. Als sie ihr Konzept schrieb, konnte sie die Arbeitsabläufe so beschreiben, als ob sie bereits ihre tägliche Aufgabe wären.

Wenn Sie die Informationen, die Sie über Ihre Geschäftsidee und die Anbindung an die Berufung zusammentragen und aufschreiben, fällt es Ihnen leichter, sie immer mehr zu präzisieren und zu verfeinern. So können Sie die Spreu vom Weizen trennen und spüren, was wirklich zu Ihnen gehört, wenn Sie den Markt analysiert und die Frage nach dem Bedarf beantwortet haben. Außerdem sollten Sie auch Risiken und Chancen abwägen, um sicherer planen zu können.

Kerstin wurde klar, dass eine Zusammenarbeit mit einem Unternehmen der Finanzdienstleistungsbranche durchaus zu ihrer Berufung passte. Bei ihren Recherchen lernte Kerstin einen solchen Finanzdienstleister kennen, der sehr bewusst und vertrauenswürdig mit seinen älteren Kunden arbeitete. Er berichtete ihr von den neuen Strategien für den auf Senioren ausgerichteten Beratungsmarkt, und sie erkannte, dass einige Unternehmen dieser Branche längst den veränderten Bedingungen Rechnung trugen und neue Dienstleistungsprodukte entwickelt hatten. Da Kerstin mit ihrem persönlichen und fachlichen Hintergrund gut zu diesem Finanzdienstleistungsunternehmen passte, entschied sie sich für einen Wechsel in ein neues Angestelltenverhältnis.

Viele haben mit ihren Ideen nicht die Gelegenheit, in der Konzeptphase genau das passende Angebot am Arbeitsmarkt zu finden, und wenn das Angebot doch da ist, wird es allzu oft schlecht bezahlt. Um die Berufung realisieren zu können, nehmen es manche hin, dass sie erst einmal weniger verdienen als in ihrem alten Beruf. Auf jeden Fall ist es wichtig, sich mit der Welt der Zahlen zu beschäftigen, "die Zahlen zum Sprechen zu bringen".

Mit glaubhaften Zahlen wachsen

Gerade in Deutschland wird die Veränderungsbereitschaft und Gründerwilligkeit sehr häufig kritisiert. Vielleicht steckt der Nachkriegsgeneration noch die ruinöse Geschichte Deutschlands in den Knochen und führt zu einer größeren Vorsicht. Tatsächlich weisen Fachzeitschriften auf eine deutlich defensivere Flexibilität und Mobilität hin, es scheint, wirft man einen Blick auf die Zahlen und das mangelnde Kapital, eine Furcht vor Startkrediten zu herrschen.

Solange ein Neustart vom Partner, von der Abfindung oder von der staatlichen Überbrückungshilfe getragen werden kann, bleiben Gründer bei der Stange. Doch ist dies nicht gegeben, führt restriktives Denken nicht selten zum Versanden interessanter Ideen; manche kehren sogar wieder in sichere, wenn auch wenig geliebte Berufsfelder zurück.

Deshalb ist es die Aufgabe eines Gründercoachings, mehr auf die konstruktive Seite der Welt der Zahlen hinzuweisen. Dies ist gerade dann von besonderem Wert, wenn Berufstätige aus ihrer persönlichen Geschichte heraus ein eher gespaltenes Verhältnis zu Zahlen haben. Dann sollte der Berater dazu motivieren, mit Hilfe der Zahlen den Glauben an das Gelingen zu stärken. Zahlen können Sie ermutigen, sich gemeinsam mit Finanzpartnern auf den Weg zu begeben, um Ihre Berufung zum Erfolg zu führen.

Die Zahlen unterstützen Sie dabei, in Ihrem Konzept in kleinen Schritten auszudrücken, wie Sie Ihre Berufung in eine Geschäftsidee umsetzen können. Das "Zahlenwerk" des Konzeptes hilft, die Berufung mit den Zielen zu verbinden. Sie beginnen in Zeitachsen zu denken und den einzelnen Entwicklungsschritten Termine zuzuordnen.

So musste Jutta klar erkennen, dass eine Ausbildung zur Feng-Shui-Beraterin eine ganz bestimmte Anzahl von Ausbildungsmodulen beinhalten wird. Ist man in der Konzeptphase angekommen, helfen Zahlen somit, Realitätsnähe zu gewinnen. Doch sie stärken auch in dem Sinne, dass das Ziel und die übergeordnete Berufung in Reichweite bleiben. Jutta erkannte durch die Zeit- und Finanzplanungen, dass die Ausbildungen und die weiteren Schritte dazu da waren, dass ihr Projekt Wirklichkeit wird. Die durch Zahlen unterlegten Zielsetzungen stärkten sie in ihrem Entschluss, sich auch tatsächlich bei einem Ausbildungsinstitut anzumelden und das Projekt anzustoßen. Sie erkannte, wie wichtig es ist, spezifische und messbare Ziele zu formulieren.

Sollten Sie sich am Ende tatsächlich zu einer Geschäftsgründung entscheiden, ist es wichtig, dass Sie einen Businessplan schreiben. Es wird Ihnen leichter fallen, wenn Sie bereits in der Vorgründungsphase die Vorteile von Konzeptarbeit zu schätzen gelernt haben. Der Businessplan selbst wird dann relativ einfach. Zum Thema Businessplan gibt es überdies eine reiche Auswahl an Literatur und Beratern, die Ihnen helfen, auch die Forderungen externer Stellen zu erfüllen.

Viele Unternehmer tendieren dazu, alles, was mit Zahlen zu tun hat, schon sehr früh aus den Händen zu geben und Dienstleister wie Steuerberater zu beauftragen. Nicht nur wegen der komplexen Materie ist dies sinnvoll, denn häufig sind Tätigkeiten wie das Wirtschaften und Verwalten große Energiekiller und nehmen die Kraft für die wahren Kernkompetenzen. Dennoch möchte ich Ihnen ans Herz legen, immer der Herr über Ihre Zahlen zu bleiben und die Planungsinstrumente auch für die Profilierung Ihrer Berufung zu nutzen.

Die Profilierung der Kernberufung

Zielgruppenorientierung heißt, Farbe zu bekennen

Manche Menschen sind so erzogen worden, dass sie alle gleich behandeln wollen. Sie wollen zwischen den Menschen keine Unterschiede machen, egal, ob im Job oder in der Familie. "Wir stehen doch nicht alleine da, wir gehören doch zusammen!", sagen sie und denken dabei an die Einheit aller Menschen.

Wenn Sie gesehen werden wollen, ist die Bündelung der Kräfte auf eine bestimmte Personengruppe jedoch deutlich viel versprechender. Nicht jeder Mensch wird von Ihrer Botschaft berührt, manche Menschen werden überhaupt kein Bedürfnis nach dem verspüren, was Sie anbieten, und können sich vielleicht noch nicht einmal nach mehrmaligem Wiederholen Ihren Namen merken.

Als ich meinen ersten Artikel veröffentlichte, erhielt ich zahlreiche Rückmeldungen von unbekannten Menschen. Es gab Leser, die mir begeistert zu diesem verständlichen und einfach zu lesenden Artikel gratulierten. Wiederum andere Leser gaben mir zu verstehen, dass meine Art zu schreiben unglaublich nichts sagend sei. In Wahrheit hatte ich aber nur die Leser der ersten Gruppe klar vor meinen Augen gehabt und hatte das Kopfschütteln der anderen mit einkalkuliert. Mir war von vornherein bewusst gewesen, dass ein allgemein gehaltener Artikel, der jedermann anspricht, zu gar keiner Resonanz bzw. Leserschaft führen würde. Zwar waren mir die eher kritischen Töne der Leserschaft nicht gerade angenehm, doch ich gewann mit meinem zielgruppenorientierten Artikel viele interessierte Kontakte.

Mit dem klaren Bekenntnis zur eigenen Zielgruppe kann es sein, dass ein praktischer Selbsterfahrungskurs beginnt, der auch in einer Konzeptphase vorbereitet und eingeübt werden will. Das ist meines Erachtens der wichtigste Part überhaupt, den ein begleitendes Coaching in der Neuorientierung haben kann. Sie sind mit Ihrer Berufung ein Original. Vielleicht stehen Sie erstmals in Ihrem Berufsleben vor der Frage, ob und wie Sie das Original leben können. Doch sobald Sie das umsetzen, gefällt Ihr Auftritt nicht jedem, und es ist alles andere als leicht, damit umzugehen. Doch Ute Erhardt hat in ihrem sehr erfolgreichen Buch (*Gute Mädchen kommen in den Himmel, böse überall hin*) nicht nur für Frauen sehr anschaulich beschrieben: Ein braver Auftritt bringt auch einem Newcomer wenig ein.

Es ist leider eine schmerzliche Tatsache, dass es bei der Umsetzung einer Berufung selten romantisch zugeht. Wenn Sie die Bedürfnisse Ihrer Lieblingsgruppe mutig und spannend ansprechen, kann es sein, dass sich diejenigen aufregen, die eben nicht zu Ihrer Zielgruppe gehören. Aber: Sie erreichen die entsprechende Aufmerksamkeit bei denen, die Sie erreichen wollen. Denken Sie, wenn Sie der Mut verlässt, an Ihre persönlichen Leitbilder. Kaum ein spiritueller Meister machte es allen recht, auch Jesus erging es so. *"Daraufhin zogen sich viele Jünger zurück und wanderten nicht mehr mit ihm umher."* (JOH 6,66)

Wir alle unterscheiden uns aufgrund unserer Herkunft, Entwicklung, Bildung und der persönlichen Erfahrungen. Unglaublich viele Dinge beeinflussen unsere Persönlichkeit. Persönlichkeitstypologien beschäftigen sich tief gehend mit den unterschiedlichen Merkmalen der Persönlichkeit. Im Coachingbereich wird manchmal auf den

Myers-Briggs-Typindikator zurückgegriffen, um mit Hilfe von Persönlichkeitsmodellen die Eignung eines Menschen genauer zu beleuchten, oder das Enneagramm wird genutzt, um den Menschen in neun feststehende Persönlichkeitstypen einzuordnen. Es gibt noch viele weitere Werkzeuge zum Einordnen der Persönlichkeit, doch diese Aufzählung würde den Rahmen dieses Buches sprengen. Eines ist jedoch unumstößlich richtig: Es gibt eine Vielfalt von Menschentypen, und wir sind in vielerlei Hinsicht sehr unterschiedlich.

Deshalb ist es aus praktischen Erwägungen heraus vollkommen sinnlos, mit einer Gesinnung der Gleichmacherei auf den Erfolg der Berufung zu hoffen. Es wird immer Menschen geben, die für Ihre Berufung nicht zugänglich sind, und deshalb macht es Sinn, es so zu tun wie Jesus einst: die Menschen zu segnen, die Stiefel abzustauben und ein Dorf weiterzuziehen.

Für die erfolgreiche Umsetzung der Berufung ist es ausschlaggebend, mehr über sich selbst zu erfahren und zu erkennen, welche Menschen wir anziehend finden. Ein Merkmal dieser Menschen ist, dass wir uns in ihrer Gegenwart wohlfühlen. Fragen Sie sich doch einmal, wie sehen die Menschen aus, die in Ihnen ein Wohlgefühl auslösen?

Vor meinem ersten Vorstellungsgespräch in einer fremden Stadt war ich so aufgeregt, dass ich lieber zurück nach Hause fahren wollte. Die Anspannung steigerte sich noch dadurch, dass ich in einem für mich ungewohnt dekadent eingerichteten Warteraum Platz nehmen und dort fast eine Stunde warten musste. Als sich niemand meldete, wollte ich das Unternehmen bereits erleichtert wieder verlassen. In dem Moment kam jedoch eine nicht sehr sympathisch wirkende Frau in den Raum und begleitete mich in einen anderen Trakt des Bürogebäudes. Ich hatte zu diesem Zeitpunkt bereits für mich beschlossen, dass ich niemals in diesem Haus arbeiten würde, aber ich wollte die Form wahren und ging mit ihr in das Besprechungszimmer, wo mein späterer Chef schon wartete. In dem Augenblick, als ich den Mann sah und wir uns in die Augen blickten, durchflutete mich ein Gefühl von Zuneigung und Harmonie. Das Gespräch verlief natürlich und ohne Anstrengung. Die Personalreferentin dagegen wirkte wie eine Statistin, und ich machte wahrscheinlich keinen guten Eindruck auf sie, zu sehr war meine Sympathie eindeutig auf den älteren Herrn vor mir gerichtet. Doch das Gespräch mit meinem späteren Vorgesetzten hatte ein derart freudiges Klima, dass er später eine eigene Planstelle für mich in seiner Abteilung einrichtete. Im Gespräch erkannte er zwar, dass ich fachlich überhaupt nicht zum Team passte, aber er wollte mich eben dabeihaben. Zwar traute ich mich nicht, danach zu fragen, warum ich die Stelle bekam, ich bin mir jedoch sicher, dass ich die Stelle nicht wegen meines guten Examens bekam.

Durch meine Beobachtungen über die Jahre hinweg wurde dieser Gesichtspunkt für mich immer bedeutender. Wer ein erfolgreiches Team für den Sport zusammenstellen will, hat deutlich mehr Erfolg, wenn er intuitiv die Menschen zusammenstellt, die von ihrer Energie her zusammenpassen und sich aus diesem Grund untereinander gut verstehen. Große Trainer haben eine "Spürnase" dafür.

Viele mögen das Beurteilen nach dem Motto "der erste Eindruck ist entscheidend" oberflächlich finden. Doch mir geht es an dieser Stelle nicht um ein Urteil. Menschen haben vielmehr unerklärliche und nicht greifbare Vorlieben im Umgang mit anderen Menschen. Sie sollten deshalb Ihre Vorlieben kennen und sie berücksichtigen. Nehmen Sie sich deshalb ein wenig Zeit für eine Fantasieübung: Angenommen eine gute Fee kann Ihnen einen optimalen Kollegen, Geschäftspartner oder den idealen Kunden herbeizaubern. Wie sieht dieser Lieblingsmensch aus? Wenn Sie das Gefühl haben, dass es mit der Vorstellung nicht so richtig klappt, dann brauchen Sie vielleicht noch ein bisschen Zeit und ein paar Anregungen von außen. Gehen

Sie durch die Straßen Ihrer Stadt, und beobachten Sie andere Menschen und wie diese auf Sie wirken. Welche Menschen ziehen Sie an? Fragen Sie sich, mit wem Sie während einer Urlaubsreise gerne Kontakt aufnehmen würden ... Welche Kollegen waren Ihnen die angenehmsten? Mitunter wird es eine Weile dauern, bis Sie erkennen, mit welchen Menschen Sie sich wohlfühlen und wen Sie gerne als Kunden hätten.

Mit den entsprechenden Kenntnissen und Erfahrungen präzisierte Monika ihre Zielgruppendefinition und erstellte eine zielgruppenorientierte Aussage: "In der Gegenwart von Kindern fühle ich mich am glücklichsten. Mit der Neueröffnung meiner Praxis bis spätestens Ende des Jahres behandele ich in einer bürgerlichen Vorstadt Kinder bis zum Eintritt in die Pubertät mit sanften und bewegungsfreundlichen Methoden."

Mit der Neuorientierung auf eine bestimmte Zielgruppe formulierte sie den Wunsch, einen Expertenstatus zu gewinnen. Sie beschloss, in einen Stadtteil zu ziehen, in dem viele Familien mit Kindern wohnen, um für die gewählte Zielgruppe gleich vor Ort sein zu können und dadurch auch höhere Umsätze zu erzielen. Die klare Bestimmung der Zielgruppe hat demnach noch einen weiteren Vorteil: Mit ihrer Hilfe entwickelt sich leichter eine Idee, wie man seine Zielgruppe konkret ansprechen will.

Die Berufungsaussage enthält eine Botschaft

Visualisationen haben die Kraft, die Wünsche bildhaft werden zu lassen. Die Bilder der Vision ziehen Freude in das Leben und vermitteln den Eindruck, dass das Gewünschte schon unterwegs ist. Und es ist so! Die beste mentale Voraussetzung für das Gelingen Ihres Erneuerungsprojektes ist ein glückliches Gefühl. Nichts wirkt anziehender als ein glücklicher Mensch. Deshalb ist es für Ihre zukünftigen Kunden wichtig, dass Sie mit Botschaften auf den Markt treten, die Ihre Berufungsaussage ansprechend und spannend vermitteln. Wenn Sie sich mit Ihrer Werbung wohlfühlen und diese Ihre Berufung repräsentiert, sprechen Sie genau die Menschen an, die mit Ihnen auf einer Wellenlänge liegen und mit Ihnen zusammenarbeiten wollen.

Als Unternehmensberater von kleineren und mittleren Unternehmen gehe ich öfters auf Fachmessen und schaue mir die Stände mit ihren Informationsbroschüren, Faltblättern und Visitenkarten an. In Zeitungen und Zeitschriften betrachte ich das Erscheinungsbild und die Werbung von Unternehmen. Wenn der gemeinsame Lebensauftrag aller Menschen die Freude ist, dann sollte Werbung als frohe Botschaft das Bindeglied zum Kunden sein. Viele ganzheitlich ausgerichtete Unternehmer beklagen sich hingegen über die Notwendigkeit von Werbung. Sie investieren lieber in ein weiteres teures Fortbildungsseminar und glauben eher an ein Leben ohne Marketing. "Habe ich erst einmal etwas für mich und meine Seele getan, so finden meine Kunden den Weg zu mir", meinte Monika. Da Werbung anscheinend nicht die Seele nährt, soll es eine weitere Qualifikation richten. Da dann die Mittel für das angeblich seelenlose Marketing fehlen, werden Internetauftritte selbst gestrickt, wird auf Logo und Design verzichtet und Flyer werden in den naheliegenden Apotheken ausgelegt.

Wenn Sie der Meinung sind, dass Ihre Berufung ein Fest der Freude ist, erlauben Sie mir die Frage: Was halten Sie von der Empfehlung, das Marketing ab sofort als Teil der Feierlichkeiten zu betrachten? – Wie haben Sie bei Ihrer Hochzeit die Gäste eingeladen? Und falls Sie nicht verheiratet sind: Verschicken Sie an Ihre besten Freunde nicht auch liebevolle Grußkarten zu besonderen Anlässen? Da der Lieblingskunde einen Beitrag zur Nahrung der Seele leistet, verdient er die höchste Wertschätzung. In dem Moment, in dem Sie als Berufener Ihren Kunden ansprechen und einladen, ist er aus Sicht der Berufung mehr als ein trockener, anonymer Geschäftspartner. Stattdessen sind Werbebotschaften als wohltuende Beziehungsbotschaften zu verstehen, und Kommunikation erreicht dann ihren Zweck, wenn ein hohes Maß an Mitgefühl für den Kunden vorhanden ist. Denken Sie stets daran: Er ist Ihr Lieblingskunde, und bei der ersten Begegnung in einem Portal oder auf Ihrer Website begegnen Sie ihm wie ein Gastgeber. Ein hochwertiges, freundliches Foto vom Fotografen auf Ihrer Website spricht dabei die emotionale Ebene an und ermutigt zur Kontaktaufnahme.

Die Kernberufung mit einer Kernbotschaft zu verbinden, führt zu einem Wiedererkennungswert. Ihr zentrales Thema wird sich dadurch in den Köpfen der Zielgruppe verankern, und der erste Schritt zur Bekanntheit ist gemacht.

Der Bekanntheitsgrad einer Botschaft

Was haben Paulus und Obama gemeinsam? Vor zweitausend Jahren brannte in einem Mann in der heutigen Türkei das tiefe Verlangen, seine Botschaft mit anderen zu teilen. Kürzlich eroberte ein charismatischer Präsident die Herzen der Menschen, dessen offensichtliche Botschaft die Veränderung der westlichen Welt ist. Die beiden Männer und ihre Botschaften sind im Grunde überhaupt nicht vergleichbar, doch eines verbindet sie: Ihr Erfolg hing und hängt nicht von dem ab, was sie sagen, sondern wie sie ihre Botschaft vermitteln.

Vor zweitausend Jahren nutzte Paulus, ein sprachbegabter Mann, die neuen Straßen im römischen Reich, um seine Botschaft zu verbreiten. Ausschlaggebend für die Verbreitung der Botschaft war die Tatsache, dass Paulus Briefe schreiben konnte und diese über die Straßen der damaligen Mittelmeerwelt schickte. Dadurch verbreitete sich die Botschaft an seine Zielgruppe wie ein Lauffeuer. Das Ergebnis war ein Multiplikationseffekt, der bis zum heutigen Tag noch in der ganzen Welt spürbar ist. Denn mit mehr als zwei Milliarden Menschen ist das Christentum auch heute noch eine der großen Weltreligionen.

Einer ähnlichen Methode bedient sich der amerikanische Präsident. Wie kaum in einem Wahlkampf zuvor wurde das neue Medium Internet gezielt eingesetzt und so für wenig Geld die Botschaft im ganzen Land verbreitet. Die politischen Mitbewerber unterschätzten zudem den Schneeballeffekt im Internet. So konnte ein ziemlich unbekannter Präsidentschaftskandidat mit Hilfe der modernen Medien eine Kampagne starten, wie sie die Welt vorher noch nie gesehen hatte. Als die andere Seite erwachte, hatte die Botschaft *"Yes, we can!"* bereits einen hohen Bekanntheitsgrad erreicht.

Sie halten das Beispiel dieser zwei großen Persönlichkeiten der Weltgeschichte wahrscheinlich für etwas schräg. Weder Ihnen noch mir passen die Kleider von großen Personen der Öffentlichkeit. Sie wollen auch keine Kampagnen führen und wünschen keine dauerhafte Belagerung durch die Presse. Vielleicht sagen Sie auch, dass das in Ihnen überhaupt kein Gefühl von Wohlbehagen auslöst, wenn Sie sich in den weltweiten Medien wiederfinden. Bevor Sie werden wie Politiker oder ein Kirchenmann, bleiben Sie lieber im alten Job.

Doch Sie haben schließlich dieses Buch aufgeschlagen, um Ihre Berufung zu entdecken und einen Weg zu finden, diese zu verwirklichen. Denn nur Ihre Berufung schenkt Ihnen Arbeitsglück, Anerkennung und ein Gefühl von Seligkeit. Richtig! Dennoch haben sowohl Ihr Nachbar, Paulus, Obama als auch Sie eines gemeinsam: Sie sind den gleichen Gesetzen unterworfen. Die erfolgreiche Umsetzung Ihrer Berufung, deren Gelingen ist davon abhängig, ob Sie die vorhandenen Informationskanäle Ihrer Zeit zu nutzen wissen.

In der einschlägigen Marketingliteratur wird fast ausschließlich von der großen Bedeutung der Bekanntheit gesprochen. Die Vernetzungsspezialistin Sabine Piarry weist in ihrem Buch *Erfolgreich netzwerken! Schluss mit Kundenjagd, Wettbewerbsangst & Co.* auf entsprechende Studien hin. Sie schreibt dem Einfluss des Bekanntheitsgrades auf den Erfolg einen 6-mal höheren Wert zu als der Qualifikation bzw. den Fähigkeiten. Das klingt zwar erschreckend, doch mein eigenes Konsumverhalten scheint dies zu bestätigen. Als meine Frau mich bat, ein Waschmittel zu kaufen, griff ich wie ferngesteuert nach einem sehr bekannten Produkt, obwohl ich mich nie wirklich mit der Qualität von Waschmitteln beschäftigt hatte. Doch den Namen dieses Waschmittels kenne ich seit meiner Kindheit.

Später befragte ich auch "profunde Kenner" der Hauswirtschaft, doch auch sie kümmerten sich meist nicht um die Qualität von Waschmitteln und studierten Testzeitschriften. Im Klartext heißt das, dass möglicherweise weit bessere Produkte nicht gekauft werden, weil durch die Werbung diese Produktkategorie durch ein bekanntes Waschmittel besetzt ist.

Zwar zahlt sich Qualität auf Dauer aus, aber die kurzfristige Bedeutung von Qualität und Qualifikation wird eher überschätzt. Die Welt der Medien strapaziert uns mit VIPs, die außer ihrem Unterhaltungswert und ihrer Bekanntheit wenig Nutzen bieten, aber sie unterstreichen die These, dass eine gelebte Berufung durch das Erschaffen von Bekanntheit entsteht.

Solch ein Beispiel ist mein eigener Vater: Sein Leben als Friseur war seine Berufung – aber seine Berufung sicherte ihm manchmal fast nicht das Überleben. Mein Vater flüchtete in den fünfziger Jahren aus der damaligen Ostzone in den Westen. Eine Weile später eröffnete er ein Friseurgeschäft in einem Vorort von Köln, in dem er außer meiner Mutter und meinem Bruder niemanden kannte. Es dauerte einige Jahre, bis sich der Laden in seinem Stadtteil mit einem Kundenstamm etablierte. Und wodurch, glauben Sie, geschah das? Zu jener Zeit gab es an vielen Ecken noch Kneipen. Fast jeden Abend ließ sich mein Vater einmal in dieser oder einmal in jener Kneipe sehen. Er mochte Sportveranstaltungen, und so nutzte er viele Gelegenheiten, um mit den Menschen im Umfeld seiner neuen Wirkungsstätte ins Gespräch zu kommen. Viele der Kunden begrüßte mein Vater mit Sportsfreund, und sein Interesse am Sport war durchaus ehrlich. Dennoch konnte er definitiv nur durch seine neugewonnenen Bekanntschaften den Erfolg in sein Leben rufen.

Die Profilierung ist bei der Umsetzung der Herzensberufung unumgänglich. Um Ihre Nische in Ihrem Beruf erfolgreich zu besetzen, muss Ihr Name mit der Zeit mit dem entsprechenden Tätigkeitsfeld in Verbindung gebracht werden. Nicht jedes Tätigkeitsfeld erfordert den regelmäßigen Besuch eines Sportplatzes oder einer Gastwirtschaft, wie es bei meinem Vater der Fall war. Wer allerdings im Begriff ist, ein Geschäftslokal auf einer Fußgängerzone zu eröffnen, kann durch entsprechendes Engagement im Gewerbeverein oder in anderen regionalen Organisationen etwas zum eigenen Bekanntheitsgrad beitragen. Andere Branchen erfordern dagegen eher ein überregionales Engagement, bei dem der Einsatz neuer Medien eine wichtige Rolle spielt. Regelmäßige Vorträge auf Messen und Veranstaltungen oder das Schreiben von Artikeln und Büchern kann Ihnen ebenfalls helfen, an Bekanntheit zu gewinnen.

Was aber, wenn Ihnen die Profilierung als unüberwindbarer Berg erscheint? Manchmal braucht man vielleicht etwas Zeit, bis man es schafft, sich in dieses vielleicht noch ungewohnte Terrain vorzuwagen. Dennoch ist es lohnenswert, ein persönliches Marketing und Freude daran zu entwickeln, immer neue Menschen kennen zu lernen. Die Konzeptphase dient dazu, die Entscheidung für die berufliche Erneuerung vorzubereiten. Das Konzept muss die Fähigkeiten und Entwicklungspotenziale beim Thema Vermarktung ehrlich bewerten.

Dreh- und Angelpunkt für jedes Lernen ist die Freude. Finden Sie es wenig reizvoll, Ihre Dienstleistung oder Ihr Produkt zu vermarkten, sollten Sie darüber nachdenken, ob Sie sich dabei von Fachleuten unterstützen lassen. Wo ein Glaube ist, ist auch ein Weg.

Möglicherweise sind für Sie andere Alternativen als Einstieg in die berufliche Selbstständigkeit attraktiv. Die Lösung könnte z. B. in der Übernahme eines bereits bestehenden Betriebes liegen. In einer Unternehmerbörse können Sie sich zudem auf die Suche nach einem vertriebsorientierten Partner begeben oder über das in Mode gekommene Franchising nachdenken.

Was auch immer Ihr Berufungskonzept abrunden wird, allen Berufungen gemeinsam ist: Die Berufung ist kein Fixpunkt am Himmel, sondern ein konkret gelebtes Leben als Weg der Freude. Der Weg ist demnach das Ziel, und sowohl der Entdeckungs- als auch der Umsetzungsprozess haben kein Ende. Und: Der Geist der Erneuerung ist von Nachhaltigkeit geprägt.

DER NACHHALTIGE PIONIERGEIST

»Denn wo zwei oder drei in meinem Namen versammelt sind, da bin ich mitten unter ihnen.«

(MT 18,20)

⊙

Machtvolles Netzwerk

Durch Begegnungen gute Gefühle schaffen

Der Wechsel der Arbeitsstelle, die Veränderung des beruflichen Umfeldes oder der Start in die berufliche Selbstständigkeit sind nicht selten Anlass für ein Wechselbad der Gefühle. Nach einer mehr oder weniger langen Zeit des Orientierens, Entdeckens und Erkennens Ihrer selbst, haben Sie jetzt die Leinen losgelassen. Nun hat das Schiff abgelegt, entfernt sich allmählich vom bekannten Ufer und vor Ihnen liegt die Ungewissheit. Neue Fragen tauchen auf: Werde ich das am Ende alles alleine meistern können? Hält mein Nervenkostüm, oder muss ich mich lange mit unruhigen Nächten herumplagen?

Was sich eine ganze Weile spannend anfühlte, wenn man an die neuen Perspektiven dachte und alles nur im Kopf durchspielte, ist ernst geworden und kann einem die Schreckensstarre in alle Knochen kriechen lassen. Aus eigener Gründererfahrung und als heutiger Gründungsberater weiß ich, dass das offene Eingeständnis der Angst ein bedeutungsvoller Schritt zur Bewältigung der Anfangsphase ist. In den ersten Monaten nach einer Unternehmensgründung fühlt sich die neugewonnene Entscheidungshoheit ungewohnt bis unbehaglich an.

Als ich den Sprung vom Angestelltenverhältnis in die Selbstständigkeit machte, erinnerte ich mich an eine berufliche Veränderung, die ich mit Anfang zwanzig hatte. Damals wechselte ich vom Soldaten- in das Studentenleben. Monatelang zählten wir damals übermütig die Tage bis zum Ende des Wehrdienstes. Nie zuvor feierte ich die Vorfreude so sehr wie wenige Tage vor der Auskleidung. Die wiedergewonnene Freiheit schaffte höchste Erleichterung. Doch ebenso intensiv fühlte sich der tiefe Fall an, mit dem ich gar nicht so schnell rechnete. Die Unfreiheit war mir so sehr zu Gewohnheit geworden, dass ich geradezu unfähig geworden war, mit den Freiräumen des Studenten wertschätzend und verantwortungsvoll umzugehen. So schwänzte ich viele Vorlesungen und verlor in den ersten beiden Semestern schnell den Anschluss.

Am Boden zerstört fiel ich in die Arme meines besten Freundes, der mir durch eigene Erfahrungen aus seiner Studentenzeit freundschaftliche Unterstützung, Mut und Zuversicht vermittelte. So bahnte ich mir meinen Weg durch die Übergangszeit, und der eigenverantwortliche Umgang mit der Freiheit veränderte mein Lernverhalten. Mit der Zeit spürte ich, wie wichtig der Austausch mit Gleichgesinnten in einer Umgebung wurde, in der es immer mehr auf mich selbst ankam. Und gerade deshalb sind Gemeinschaften, Erfolgsteams oder Zielestammtische in der Gründungsphase so wichtig.

"Dass ich durch berufliche Veränderungen so schnell noch einmal in eine emotionale Krisensituation geraten könnte, hatte ich nicht geahnt", erzählte Jutta. Sie war noch auf dem Weg, die notwendigen Voraussetzungen für eine hauptberufliche Aktivität zu erlangen, und machte eine Ausbildung. Diese war modular gestaltet, d. h. sie machte sich alle zwei Monate zu einem längeren Seminar auf den Weg in eine andere Stadt. Dort traf sie ihre Kollegen, die auch aus anderen Städten anreisten. Hin und wieder ergab sich die Möglichkeit, während der Phasen zwischen den Modulen zu telefonieren.

Um ihre Selbstständigkeit vorzubereiten und Zeit für ihre Ausbildung zu gewinnen, wechselte Jutta in eine Teilzeitposition. Doch in ihrem neuen Job als Teilzeitkraft konnte sie den Kontakt zu ihren neuen Kollegen nur schwer aufbauen. "De facto war ich in meiner Berufung angekommen, glaubte an sie, lebte sie schon und fühlte mich trotzdem zu Beginn die meiste Zeit sehr einsam. Die Einsamkeit reduzierte mit der Zeit meinen Schwung."

Wie Jutta geht es vielen Gründern, noch stärker erleben das meist diejenigen, die gleich in die hauptberufliche Selbstständigkeit wechseln und keine Ausbildung machen. Durch den Start in das ungewohnte berufliche Umfeld ordnet sich das gesamte soziale Umfeld neu. An der Wirkungsstätte ist man noch nicht angekommen, und zu den früheren Arbeitskollegen reißt der Kontakt schnell ab. "Einige Freunde wendeten sich ab oder zeigten großes Unverständnis, als ich meinen alten Job kündigte und meine berufliche Wende einleitete", sagte Jutta. Das Gefühl, auf einmal alleine zurechtkommen zu müssen, kann Sorgen und Stress auslösen, und das Hochgefühl ob der notwendigen Erneuerung weicht Traurigkeit. Fehlende emotionale Bindungen und mangelnde Geborgenheit können sich tatsächlich zu einem großen Energiekiller ausweiten und den Erfolg des Neubeginns gefährden. Was also konkret tun, bevor ein Teufelskreis aus negativen Gedanken und unguten Gefühlen die junge Blüte des Jungunternehmers auffrisst?

Für das Gelingen Ihrer Berufung sind gute Gefühle von großer Bedeutung. Und hier liegt aus meiner Sicht der entscheidende Lösungsansatz in dem modern gewordenen Netzwerkgedanken. Durch das Gespräch mit Netzwerkern über die beruflich-persönlichen Anliegen entsteht Entlastung und Geborgenheit. Auch Jutta erlebte das: "Während der Coachingsitzungen sprachen wir erstmals über den Vorteil von Netzwerkfreundschaften. Es dauerte ein wenig, bis ich meinen inneren Schweinehund überwand, doch schon kurze Zeit später nahm ich an meinem ersten Netzwerkfrühstück mit anderen selbstständigen Freiberuflern teil. Schon während ich mich aktiv nach Unterstützung umschaute, beruhigten sich meine Nerven, und durch die ersten Gespräche fühlte ich mich nicht mehr isoliert mit meinen Themen.

Was für mich als Angestellte ganz selbstverständlich war, musste ich mir als Selbstständige erst klar machen: Als Festangestellte war ich schon durch die Firmenstruktur in einen festen Kollegenkreis eingebunden. Wenn etwas in einem Projekt nicht klappte, hatte ich vertrauensvolle Menschen in der Nähe. Für mich war es emotional wichtig, auch in der Selbstständigkeit jemanden zu haben, der mir zuhörte und mir auch gut zuredete, wenn mich einmal der Mut verließ. Auch heute noch sehe ich das regelmäßige Miteinander mit Netzwerkfreunden als ein grundlegendes Bedürfnis an."

Um Ihre Berufung zu manifestieren, sollten Sie sich gut fühlen. Der Mensch ist ein soziales Wesen und fühlt sich als Unternehmer erst dann richtig wohl, wenn er durch wohlgesinnte Menschen ehrliche Wertschätzung erfährt. Denn Selbstwertgefühl ist ohne die regelmäßige Rückmeldung anderer Menschen nicht aufrechtzuerhalten. Dabei spielt es erst einmal keine Rolle, ob man bereits beruflichen oder unternehmerischen Erfolg vorweisen kann – oder nicht. Im Falle von beruflichem Erfolg, einem zufrieden stellenden Kundenstamm oder einem steilen Aufstieg in der Hierarchie verwechselt man Wertschätzung allerdings leicht mit Lob. Lob und Anerkennung werden aber meist an Bedingungen wie Umsatz, Imagezugewinn, Bekanntheit oder Rendite geknüpft. Folglich gerät man durch das Ausschauhalten nach Lob manchmal in eine Abhängigkeitsspirale.

Das ist an dieser Stelle nicht gemeint mit dem Netzwerkgedanken. Er ist im ersten Schritt vielmehr ein vom Ergebnis her unabhängiger Gedanke. Das Netzwerk ist, wie die Berufung, ein einzigartiges Kunstwerk, das Liebe und Freude zum Inhalt hat. Das ökonomische Wohlergehen ist nur ein positiver Beigeschmack, den Sie durch die großartige Stimmung und den Teamgeist fast automatisch erleben werden. Denn jedes gut arbeitende Team wirkt dann besonders effektiv, wenn berufene Identitäten zusammenkommen. Verständnis füreinander, die Freude am gegenseitigen Austausch und die Ergänzung der Ressourcen machen erfolgreiche Teams aus.

Die Berufung leben heißt, in der Geber- und Dienerlaune arbeiten. Doch kann man eine Profession überhaupt mit einer vollkommen absichtslosen Haltung entwickeln, ganz nach dem Ausspruch *"Geben ist seliger als nehmen"* (APG 20,35.2)? Es kann sein, dass sie in einem Netzwerk schnell ungeduldig werden, wenn Sie die Netzwerkpartnerschaft als ein Instrument für Ihr Marketing betrachten. Dann kommt vielleicht der Gedanke auf, Sie würden Ihre Zeit vertun, z. B. wenn Sie jemandem einseitig einen Gefallen tun, der selbst nie zum Kunden wird und auch keinen Kunden empfiehlt. Und tatsächlich kann das Netzwerken zum Problem für das eigene Zeitmanagement werden. Gerade die Chaträume moderner Netzwerkportale im Internet sind regelrechte Zeitkiller, die Sie daran hindern können, Ihre Berufung zu etablieren. Sobald die Kontaktdaten freigegeben sind, werden Sie zudem überflutet mit Newslettern. Das hat aber nichts mit der Haltung des Gebenden in einem konstruktiven Netzwerk zu tun.

Geben heißt, zunächst sich selbst zu beschenken und mit einem Beitrag für den Netzwerkpartner Freude in das eigene Leben zu bringen. Mit dem gewonnenen Spaß und der Selbstachtung stärken Sie sich selbst, sofern Sie von Ihrem Gegenüber eine positive Resonanz erfahren. Generell sollten Sie alle Maßnahmen, die Sie auf dem Gebiet der Realisierung Ihrer Berufung ergreifen, daraufhin untersuchen, ob sie nachhaltig helfen, die Tiefe Ihres Beziehungsnetzes zu verbessern.

Der erste Wohlfühltest

Ist es nicht das, was Sie Ihr Leben lang wollten? Sie gehen einer beruflichen Tätigkeit nach, die Sie erfüllt und bei der Sie Ihre Lebendigkeit spüren. Die Freude einer Berufung ist dadurch gekennzeichnet, dass Sie sich mit dem, was Sie tun, vollständig fühlen und sich im inneren Frieden befinden. Und eines der wohltuendsten Gefühle dabei überhaupt wird durch die Erfahrung ausgelöst, dass dieser Dienst auf Wertschätzung und Anerkennung stößt. Die Erfahrung zu machen, dass man mit all seinen Neigungen und Gefühlen angenommen wird, dass man sich mit seinen Netzwerkpartnern auch über die Schattenseite der beruflichen Aufgabe austauschen kann, wirkt befreiend. In einem guten Netzwerk leben Sie die neue Profession echt und stimmig.

So konnte Jutta neben ihrer Ausbildung bereits wesentliche Aspekte ihrer späteren selbstständigen Aufgabe durch die Netzwerkaktivitäten erlernen. "Meine Kraft und mein Glaube an das begonnene Projekt wuchsen erst durch die regelmäßigen Treffen mit meinen Netzwerkfreunden. Eine ganze Weile dachte ich noch an das normale subtile Konkurrenzdenken, wie ich es aus der Welt der Unternehmen kenne. Die vordergründige Offenheit und ein eher geheucheltes DU unter den Kollegen waren noch sehr präsent. Deshalb suchte ich mir auch ein Netzwerk außerhalb meines Wohnortes, weil ich das Thema Konkurrenz noch sehr verinnerlicht hatte und glaubte, dass man mich als baldige Gründerin nicht annehmen würde.

Als ich die Netzwerker besser und besser kennen lernte, geschah etwas Merkwürdiges: Nachdem ich mit meinen Netzwerkfreunden über meine Wünsche und Ziele gesprochen hatte, kamen mir in den darauf folgenden Tagen die besten Ideen für meine zukünftige berufliche Selbstständigkeit. Ähnliches berichtete mir übrigens der eine oder andere Teilnehmer. Indem ich meine Wünsche offen ausdrückte und Zustimmung von den Netzwerkern bekam, besserte sich meine Stimmung, und das zog wiederum Lösungen an, an die ich vorher nicht gedacht hatte."

Jutta wusste bereits durch die vielen Berufsjahre in Unternehmen, wie wichtig Beziehungen sind. In einem Netzwerk haben diese Beziehungen sowohl eine professionelle als auch eine persönliche Seite. Der Netzwerkgedanke stärkt den Einheitsgedanken, und der Kontakt der einzelnen Glieder löst einen Energiefluss aus. Der Netzwerkfreund ist kein Kunde, aber durch eine wertschätzende Netzwerkfreundschaft entsteht die Stärkung im Glauben, dass die Berufung auf das Wohlgefallen des Universums trifft. Mit einem gelebten Netzwerk entstehen Wärme und Wohlgefallen. Es ist eine der ersten Bestätigungen des Universums für die geglückte Rückkehr zur Berufung: *"Du bist mein geliebter Sohn (meine geliebte Tochter), an dir habe ich Gefallen gefunden."* (MK 1,11)

Beziehungskompetenz ist erlernbar

Wenn das Thema Netzwerken für Sie ungewohnt ist und Ihnen unangenehm erscheint, fragen Sie sich vielleicht, ob es dazu keine Alternative gibt. Oder Sie fragen sich: Kann ich guten Gewissens von erfolgreichem Verkauf sprechen und dabei ethisch sein? Solche Fragen zeigen die großen Schwierigkeiten, die manche Unternehmer mit der Kontaktaufnahme zum Kunden haben. Gerade wenn der Gründer introvertiert ist, wird das Marketing als lästiges "Klinkenputzen" empfunden, und besonders in esoterischen Kreisen kursiert schon mal die "Aufschieberitis". So begegneten mir Gründer, die mit magischen Symbolen auf den Erfolg ihrer Geschäftsidee setzten. Dahinter steckt meiner Ansicht nach meistens irgendeine Angst, die sich derjenige nicht eingestehen möchte.

Die Kontaktanbahnung und die Beziehungspflege zum Kunden sind gerade am Anfang eine große Herausforderung. Schüchterne Menschen haben dann oft Glaubenssätze, wie z. B. dass sie keine Beziehungskompetenz lernen können. Innere Stimmen werden laut, die den Start der Berufung regelrecht sabotieren. In ihnen steckt die Furcht vor der Ablehnung durch den potenziellen Kunden.

Was aber steckt wirklich hinter dem Widerstand vor dem Start? Weshalb wollen Gründer nicht an die Chance im Konzept glauben, obwohl die Idee durchaus lohnend ist? Eine Redensart bringt das am besten auf dem Punkt: "Wasch mir den Pelz, aber mach mich nicht nass!" Viele meiner bisherigen Kunden sind in der Phase des Netzwerkens und Beziehungsaufbaus unschlüssig, weil sie mit den hohen Anforderungen Nachteile verbinden. Zwar wünschen sie sich weiterhin eine Tätigkeit mit Herz und viel Geld. Aber einen so riesigen Beitrag zur Realisierung ihrer Ziele wollen sie am Ende doch nicht leisten.

Was aber sind die unangenehmen Beiträge? Professionelle Netzwerker verbringen viel Zeit mit Meetings, Treffen und Veranstaltungen. Sie verbringen daneben sehr viel Zeit damit, die besonderen Beziehungen zu pflegen. Eine scharfe Trennung zwischen Berufs- und Privatleben verschwindet, stattdessen begleitet der Partner oder die Partnerin den Gründer zu einer Messe oder einem Vortrag – Termine, die jetzt immer häufiger im Terminkalender erscheinen.

Ein weiterer unangenehmer Punkt sind Absagen. Sollten Sie noch keine Übung im Umgang damit haben, "wenn einer Ihnen einen Korb gibt", können Sie das beim Netzwerken am besten lernen. Nutzen Sie die Chance, im Netzwerk konstruktiv mit Ablehnung umzugehen, denn auch später in Ihrer Berufung wird nicht jeder neue Kontakt zu einer Bereicherung führen. Ablehnung und die nachhaltige Pflege von Kontakten fühlen sich mitunter "nass" an, um an die Redensart vom "Pelz, der nicht nass werden soll" zu erinnern, doch jeder erfolgreiche Vertriebsfachmann berichtete mir, dass der Umgang mit Enttäuschungen zur Kernaufgabe gehört. Das bedeutet, dass die Verbesserung Ihrer Kommunikation mit Menschen zu einem lebenslangen Lernbereich wird. Mit der Zeit wird das Kontakten und Kommunizieren möglicherweise allerdings sogar den größten Spaßfaktor in Ihrer Berufung ausmachen.

Wer sich auf ein Netzwerk einlässt, schärft seine Dienstleistungsmentalität und beginnt, mit den Augen des Kunden zu sehen. Zudem können Sie hier Ihre Beziehungskompetenz ausbauen, die Ihnen den Umgang mit späteren Kunden wesentlich erleichtern wird. Somit ist das Netzwerk eine Startchance, die Berufung kundenorientiert zu leben. Denn den Wert Ihrer Berufung bestimmen Sie nicht alleine.

Gleichzeitig sehen Sie, wie es andere erfahrene Berufene in einem Netzwerk machen. Ein Netzwerk ist ein Zusammenwirken von Menschen, die das fehlerfreundliche Lernen in ihr Denken verankern. Durch Feedbacks und Denkanstöße kommt Bewegung in die interne und externe Kommunikation.

Gerade in einer Welt der Informationsflut, der man sich im Medienzeitalter ausgesetzt sieht, gibt es keine Alternative zur Kommunikation. Ein berufliches und privates Leben kann meiner Ansicht nach nur gelingen, wenn Sie viel Zeit für die Pflege Ihrer Beziehungen investieren. Mit Hilfe von guten Verbindungen werden Sie die Unterstützung bekommen, die für das Leben der Berufung ausschlaggebend ist.

Literatur und Seminare zum Ausbau von Beziehungskompetenz gibt es viele. Besser als jeder Ratgeber ist jedoch das konsequente Üben. Bevor Sie sich dem Trainingsprogramm für Berufene unterziehen, machen Sie sich bewusst, dass es nichts gibt, was Sie nicht wirklich lernen können, wenn Sie es nur wollen.

●

Training ist ein Erfolgsfaktor

Stetiger Aufbau des Mut-Muskels

Die Macht der Gewohnheit ist tückisch. Wir Menschen sind Gewohnheitstiere, und je älter wir werden, desto weniger schaffen es manche von uns, aus den bequemen Lebensumständen heraus zutreten und die Veränderung anzustoßen. Wenn Sie ehrlich sind, werden die meisten zugeben müssen, dass es eher der Druck von außen war, der uns hat umdenken lassen und so Bewegung ausgelöst hat – weniger der eigene Pioniergeist. Eigentlich müssten Sie von innen motiviert sein und vor Eigeninitiative nur so sprühen. Stattdessen fühlen Sie vielleicht Unwilligkeit und wenig Lust für den Neuanfang, wenn Sie an den nächsten Sprung denken. Sie fühlen sich zerrissen, und es gibt Zeitpunkte in der Startphase, in der die Gegensätzlichkeit der Gefühle besonders ausgeprägt ist.

Douglas McGregor beschrieb in seinem Buch *The Human Side of Enterprise* die Tatsache, dass wir häufig gleichsam mit zwei Herzen in unserer Brust durch die Welt gehen. Er prägte den Begriff der X-Y-Theorie, nach der der Mensch einerseits faul und antriebslos (X-Theorie), andererseits aber auch engagiert handelt (Y-Theorie). Diese für das Management entwickelte Motivationstheorie beschreibt die Vielschichtigkeit unseres Wesens. Es gehört zum menschlichen Sein, sowohl Trägheit als auch den Ehrgeiz in sich zu tragen.

Genauso wie jeder Sporttrainer beim Muskelaufbau seines Schützlings das Niveau, auf dem dieser sich befindet, berücksichtigt, sollten

Sie mit allem einverstanden sein, was im Augenblick gegeben ist. Das ist die Basis für jedes Aufbauprogramm. Der Schlüssel zur erfolgreichen Leistungssteigerung liegt in der liebenden und humorvollen Selbstannahme der scheinbar widersprüchlichen Seiten der Persönlichkeit. Gehen Sie mit Ihrer Behäbigkeit barmherzig um, selbst wenn Sie sich zeitweise wieder nach einem starken Chef sehnen, der Sie zur Arbeit zwingt und Ihnen dafür Sicherheit und Behaglichkeit schenkt.

"Als ich den Berg der Erneuerung vor mir sah, fühlte ich mich starr wie ein Kaninchen vor der Schlange", meinte Kerstin nach dem Start der Akquise. "Die größte Überwindung hat mich der Schritt über die Schwelle ins Neue gekostet. Für mich waren die Gedanken an die Akquisition, das Präsentieren meiner Produkte und der Umgang mit Absagen eine sehr ungewohnte Lernaufgabe. Die ersten praktischen Erfahrungen bescherten mir für einige Zeit Schlafstörungen. Ständig fragte ich mich: 'Muss ich mir diese Qualen wirklich antun? Will ich das wirklich alles lernen?' Immer wieder schien mir die Hürde zu hoch."

Kerstin wurde durch ihre ersten praktischen Erfahrungen bewusst, dass ein bestimmter Muskel bei ihr nicht gut ausgebildet war: der unsichtbare "Mut-Muskel". Um sich anderen Menschen mit seiner Berufung zu zeigen, Ihnen ein Angebot zu unterbreiten, ist die sanfte und behutsame Kräftigung dieses Muskels von Bedeutung. Ohne den stetigen Anstieg von Mut, zum Beispiel in der Überwindung von Kontaktbarrieren, kann eine Berufung nicht nachhaltig ins Berufsleben gerufen werden. Die Frage nach dem Mut ist für eine Vielzahl von Existenzgründern eine Existenzfrage. Wer dauerhaft in seiner Berufung gesehen werden will, muss sich zeigen. Der Gedanke an einen Muskel, der dank gesunder Belastung an Kraft und Größe zunimmt, trägt für mich ein hoffnungsgebendes Element in sich.

Der Erfolg Ihrer Verkaufs- und Vertriebsanstrengungen ist durchaus mit einem Sporttraining vergleichbar. An einem Beispiel möchte ich demonstrieren, wie wichtig der gezielte und sanfte Trainingsplan ist. Vor ein paar Jahren ließ ich mich wegen einer Fußballverletzung vom Arzt behandeln. Der Arzt forderte mich ultimativ auf, das Fußballspielen an den Nagel zu hängen, weil mein Knie etwa zwanzig Jahre älter sei als der übrige Körper. Da ich mir jedoch in den Kopf gesetzt hatte, den Jakobsweg zu gehen, schlug mir der Arzt ein systematisches Muskelaufbauprogramm für die Beine vor. Dieses Programm berücksichtigte genügend Zeit bis zum Start: Zeit, um die innere Trägheit sowie auch die schwachen Muskeln an das Ziel heranzuführen.

Die faule X-Stimme in mir meldete sich am Anfang lauter als die Y-Stimme, die nach einer neuen Erfahrung rief. Ich musste also für meine Psyche ein gesundes Mittelmaß finden, wobei mir ein Sportlehrer half. Und es gelang tatsächlich: Mit einem mehrmonatigen Training wurden meine Kniemuskeln gestärkt, und ich konnte die sportliche Herausforderung trotz zerstörter Kniegelenke und ungewohnter Belastungen bestehen. Seit diesen Tagen gewöhnte ich es mir an, regelmäßig Sport zu treiben, weil ich mit der X-Stimme barmherzig umging und geduldig weiterübte.

Gibt es beim Aufbau des Mut-Muskels irgendwelche Ausnahmen? Überhaupt keine! Wenn es Ihnen ein ehrliches Anliegen ist, Ihre Berufung zu leben, Sie fest an den Erfolg glauben und bereits in Ihrem natürlichen Rhythmus danach leben, wird sich der Erfolg auch einstellen. Genauso verhielt es sich bei Kerstin: Sie machte sich deutlich, dass es keinen Grund für mangelnde Selbstsicherheit gab. Sie hatte im bisherigen Leben ganz einfach sehr selten vor Gruppen gesprochen oder Menschen direkt angesprochen und ihre Ideen spontan und frei formuliert. Kein Wunder also, dass die Stimme der Trägheit zu Anfang einen gewaltigen Raum einnahm. Gedanken an einen Vortrag, häufige Veranstaltungen und der Kontakt mit unterschiedlichen Menschen machten ihr Angst, und sie fühlte sich zu

Beginn überfordert: "Ich spürte, dass meine Gedanken dafür verantwortlich sind, ob ich Erfolg oder Misserfolg habe. Die entscheidende Frage war jedoch: Kann ich selbstsicherer in Situationen sein, die für mich ungewohnt sind? Mit einer Mischung aus Stringenz und Barmherzigkeit machte ich Fortschritte, weil ich es wirklich wollte und daran glaubte." Kerstin bestätigte mir mit ihrem Selbstsicherheitstraining, dass mit Glaube und Vertrauen alles möglich sein kann. "Alles vermag ich durch ihn, der mir Kraft gibt." (PHIL 4,13)

Trainer und Coaches im sportlichen Sektor wissen es, Therapeuten und Ärzte im Heilungsprozess ebenso: Wenn der Muskel schwach ist, darf er beim Aufbau nicht zu schnell trainiert werden. Genauso ist es auch mit dem Mut-Muskel. Wer Freude am Lernen hat, geht systematisch den Weg der kleinen Schritte. Und Kerstin entschied sich für ein berufsbegleitendes Rhetoriktraining mit wöchentlichen Übungseinheiten. "Tatsächlich habe ich in keinem Seminar bisher so geschwitzt wie bei diesem Training. Sehr angenehm war die Erkenntnis, dass es bei den meisten Teilnehmern ebenso große Kämpfe gab. Ja, viele Menschen leiden bei öffentlichen Auftritten, vor Vorstellungsgesprächen, bei Präsentationen oder Erstkontakten mit Kunden unter Nervosität. Aber als ich meine Angst vor einer Stehgreifrede erlebte und überwand, wurde mir klar, dass der Traum von meiner Berufung zu einem Berufungserfolg wird."

Selbstsicherheitstrainings helfen beim Aufbau des Mut-Muskels. Kerstin schätzte die verbindende Solidarität unter den Menschen und lernte, wie sie es trotz Lampenfieber und Nervosität genießen konnte, wertgeschätzt und angenommen zu werden. Durch die Unterstützung von fachkundigen Beratern erweiterte sie geduldig ihre kommunikativen Fähigkeiten.

Die Vogelperspektive eines Coaches nutzen

Sobald wir den Gedanken unbewusst freien Lauf lassen, kann das Entweder-oder-Denken in jeder Phase des Umsetzungsprozesses wieder Raum einnehmen. Der Vergleich mit Mitbewerbern kann schnell zu Neid führen und die Grenzen im Kopf wieder aufrichten. In jeder nützlichen Trainingsdisziplin steckt auch die Versuchung, sie zu übertreiben. Kerstins Trainingsausrichtung konzentrierte sich auf ihr Entwicklungspotenzial in Bezug auf ihre Vermarktung. In der Startphase konzentrierte sie sich sehr darauf, immer wieder mit neuen Menschen zu kommunizieren.

Nicht selten meinen Vertriebstrainer, dass ein gesteigertes Gefühl der Selbstsicherheit das Nonplusultra für den Erfolg und die Erfüllung im Beruf ist. Mit einer Überdosis professioneller Außendarstellung kann jedoch die Berufung verfehlt werden, weil der höhere Sinn aus dem Blick gerät. So wichtig der Kompetenzzuwachs in den verschiedenen Trainingseinheiten für die Umsetzung auch sein mag: Die sinnstiftenden Aspekte des menschlichen Seins, Ihre Antwort auf die Frage, wer Sie sind, bleibt Ihr unvergänglicher Stern am Himmel. Dieser Stern am Himmel sind Sie selbst. Die Muskeln unterstützen Sie lediglich in Ihrer Arbeit.

Ein unabhängiger, ganzheitlicher Coach kennt aus seinem eigenen (Berufs-) Leben die Zusammenhänge und behält das ausgewogene Entwicklungsziel als Ganzes im Auge. Nutzen Sie einen Coach, der in der Welt der Ökonomie mit ihren Hierarchien, Strukturen und Organisationen ebenso beheimatet ist wie in der Welt der Psychologie, der Mystik und der Spiritualität. Ein ganzheitlich ausgerichteter Coach hat langjährige Erfahrungen in betrieblichen Abläufen und ein positives Verhältnis zu Geldenergien. Zumeist hat er eine fundierte kaufmännische Ausbildung, wozu auch das Personalwesen gehört. Gleichzeitig hat ein ganzheitlicher Coach psychologische Methodenkompetenz erworben und kann aufgrund einer Coachingausbildung seelische Anliegen des Kunden gut einordnen. Aus meiner Sicht ist es die Hauptaufgabe des Berufscoaches, die identitätsstiftenden Aspekte der Ausgangsfrage "Wer bist du?" in den Mittelpunkt des Coachingprozesses zu rücken. Der Beratungsprozess hat seinen Schwerpunkt im Ausbalancieren der identitätsstiftenden natürlichen Lebensaspekte.

Es gibt viele anschauliche Methoden, mit deren Hilfe ein Coach dem Klienten die ganzheitliche Entwicklungsreise darstellen kann, wie z. B. das "5-Säulen-Modell" von Petzold, das Maren Fischer-Epe in ihrem Buch *Coaching – Miteinander Ziele erreichen* anschaulich darstellt. Die Identität eines Menschen wird in diesem Modell von Petzold als ein Haus mit fünf Säulen dargestellt. Das Haus steht gut und fest, solange die fünf Säulen gleichermaßen ausbalanciert sind. Die alle gleichermaßen für die Stabilität notwendigen Säulen sind der Körper, die Arbeit, das soziale Netz, die materielle Sicherheit und die Ethik.

Ein Coach hat die Aufgabe, von außen auf die Balance zu achten. So war für Marion zwar zu Beginn die berufliche Neuorientierung der Anlass für das Coaching gewesen. Doch da ihr Mann gestorben war und die Kinder das Elternhaus verlassen hatten, kam sie mit einem Glaubenssatz in das Coaching, der ihr Gewissen quälte: "Eine Frau in den mittleren Jahren ohne Aufgabe muss sich in das Erwerbsleben integrieren!" Daher waren ihre ersten Ziele die Berufszielfindung und das anschließende Bewerbungstraining.

Doch die Erbschaft sicherte ihre finanzielle Sicherheit, und sie war jahrzehntelang nicht gezwungen, an einen Beruf zum Broterwerb zu denken. Nach einigen Coachingsitzungen spürte sie, dass ihr Glaubenssatz für sie keinen Sinn mehr ergab. Im Coaching richteten wir stattdessen den Blick auf die Tätigkeiten in ihrem Leben, bei denen sich nicht das Selbstbild der verwöhnten Unternehmergattin entfaltete. Neben der Aufgabe als Mutter, war sie stets karitativ tätig gewesen. Sie hatte ein Herz für die Menschen, denen es nicht so gut ging wie ihr, und durch ihre lebensfrohe und extrovertierte Haltung war sie bei vielen Menschen sehr beliebt. Hier hatte sie noch Kontakte, die sie bei Bedarf sofort ausbauen konnte.

Die im 5-Säulen-Modell genannten identitätsstiftenden Säulen des Wertesystems und der materiellen Sicherheit waren demnach nicht die Baustellen, um ihre Stabilität wiederzugewinnen. Auch ihre Gesundheit war kein Grund für eine Identitätskrise, denn sie ernährte sich stets gesund, hielt sich fit und legte auf ihr äußeres Erscheinungsbild viel Wert. "Mit Hilfe der ausführlichen Standortbestimmung eines ganzheitlichen Coachings wurde ich immer ehrlicher zu mir selbst. Die Frage nach dem passenden Berufsziel rückte in den Hintergrund, und ich konnte das Geschenk annehmen, dass ich bisher keinen Arbeitsplatz gefunden hatte. In erster Linie fehlten mir wirkliche Freundschaften, wirkliche Verbindungen zu Menschen und Zärtlichkeit." Deshalb beschloss Marion, nicht mehr nach einem passenden Job zu suchen, sondern sich lieber auf ehrenamtliche Aktivitäten zu konzentrieren. Als ich einige Zeit später noch einmal von ihr hörte, erzählte sie mir, dass sie jetzt wieder glücklich sei, weil ihr die ehrenamtliche Arbeit Freude bereite und sie dadurch sogar einen neuen Lebenspartner gefunden hatte.

Marions Geschichte zeigt, dass sich nicht jede Berufung unbedingt in einem Beruf ausdrücken muss, bei dem man Geld verdient. Manchmal hat der Mensch ganz andere Bedürfnisse, besonders, wenn der Lebensunterhalt gesichert ist, so wie bei Marion.

Während Sie sich Ihre Berufungsperspektive erarbeiten und sie umsetzen, unterstützt die Begleitung durch den ganzheitlichen Coach Sie dabei, in den verschiedenen Lebensbereichen in Balance zu bleiben und festsitzende Gewohnheiten durch stetige Wiederholung zu lösen. Ihre Schöpferkraft muss sich nachhaltig manifestieren, damit die Berufung durch Ihre Beharrlichkeit Wurzeln schlägt.

Die nachhaltige Verankerung

Auf fast allen Gebieten ist der erste Schritt der schwierigste, da das Neue ungewohnter ist als das Alte. Thomas Mann schrieb einmal zur Macht der Gewohnheit: "Die Gewohnheit ist ein Seil. Wir weben jeden Tag einen Faden, und schließlich können wir es nicht mehr zerreißen." In diesem Zitat deutet sich ein Aspekt der Gewohnheit an, den wir für die Umsetzung der Berufung nutzen können, nämlich dass sie nachhaltig wirkt. Wenn Sie den ersten Schritt gegangen sind, um Ihre Berufung anderen bekannt zu machen, lassen Sie weitere Schritte folgen – und zwar dauerhaft. Irgendwann hat man sich an Sie und Ihr Angebot gewöhnt und verbindet mit Ihrem Namen und Ihrem Logo ein bestimmtes Thema, nämlich Sie und Ihre Berufung.

Je nach Kernberufung, die ihren Markt und ihre Zielgruppe genau berücksichtigt, haben Sie wahrscheinlich inzwischen die Kommunikationswege zum Kunden gesichtet und bestimmt. Zu diesem Thema gibt es in der Literatur und von Gründungsexperten eine reiche Auswahl an Tipps und Meinungen. Es wird vom Werbebudget abhängen, ob Sie Spots im Fernsehen oder Anzeigen in den Lokalnachrichten schalten oder wie umfangreich und komfortabel Ihre Website gestaltet wird.

Viel bedeutender ist daneben jedoch das Gefühl, dass Sie durch Ihre Texte und Bilder Ihren potenziellen Kunden vertraut sind. Die meisten Unternehmer wenden an dieser Stelle vielleicht ein, dass sie ohne Referenzen oder einen ersten redseligen Kunden, der die berühmten Dominosteine der Mund-zu-Mund-Propaganda auslöst, nicht wahrgenommen werden können. Ich möchte Ihnen hierzu ein Beispiel geben: Vor einiger Zeit fragte mich meine Nachbarin, ob ich einen Makler kennen würde, den ich ihr empfehlen könnte. Ich zuckte kurz mit den Schultern, aber wie ferngesteuert ging ich zum Papiereimer, zog das wöchentliche Werbeblatt heraus und gab ihr das Titelblatt. Dort inseriert seit vielen Jahren ein Makler, den ich in dem Moment persönlich noch nicht kannte. Ich gab ihr das Blatt und ging meiner Wege. – Dann begann ich darüber nachzudenken. Mir war der Makler präsent, ohne dass ich ihn persönlich kannte. Auch wenn ich normalerweise selten in dieses Werbeblatt schaute, hatte sich die Anzeige des Maklers in mein Gedächtnis eingeprägt.

Am Abend testete ich diese Erfahrung mit ein paar Bekannten. Auch sie hatten bisher überhaupt keinen Kontakt zu diesem Makler gehabt, sie lasen weder dieses Werbeblatt noch interessierten sie sich für die Dienstleistungen des Herrn, und sie warfen das Werbeblatt in der Regel meistens in den Papiermüll. Dennoch kannten sie die Anzeige dieses Maklers. Also hatten auch sie sich der Anzeige auf Dauer nicht entziehen können. Seine kleine Anzeige war jede Woche immer an der gleichen Stelle des Werbeblattes zu sehen. Er hatte sich dies zur Gewohnheit gemacht, und ohne dass ich es wollte, war er mit seinem Angebot über Jahre hinweg wie ein Seil in meinem Kopf und in den Köpfen vieler anderer Menschen verankert worden. Das wichtige Kriterium der Bekanntheit erreichte er mit Nachhaltigkeit, die wirksamer ist als ein teurer Einmal-Effekt.

Monika fiel es schwer, konsequent mit den oben beschriebenen Marketinginstrumenten zu arbeiten. Zwar war sie als Heilpraktikerin schon einmal mit einem Stand bei Gesundheitstagen vertreten gewesen und schaltete in längeren Abständen in günstigen Wochenzeitschriften kleine Anzeigen, aber die Regelmäßigkeit fehlte. "Mit der Zeit bemerkte ich jedoch, dass die ständig wechselnden Werbeaktivitäten nicht nur mich selbst nervten, sondern ich stellte mir vor, dass sie auch auf mein Umfeld unruhig wirken müssten. Mal legte ich ein paar Flyer bei den Apotheken aus, dann besuchte ich eine Veranstaltung beim Naturheilverein. Aber wirklich konstant verfolgte ich keine Richtung. Als sich nach einer Anzeigenaktion keine Kundenanfragen ergaben, machte ich mir Sorgen über das investierte Geld und stoppte alles."

Wichtig ist, dass Sie das eigene Zeit- und Finanzbudget bei der Erarbeitung einer geeigneten Marketingstrategie berücksichtigen. Viele Freiberufler setzen in der Startphase auf kostspielige, einmalige Events wie Eröffnungsfeiern, Eröffnungsangebote und große Anzeigen oder Pressemitteilungen in Zeitungen. Jedes dieser Instrumente kann, dauerhaft eingesetzt, Wirkungen erzielen. Doch wenn Sie dann für die weiteren regelmäßigen Marketingmaßnahmen kein Geld mehr zur Verfügung haben, sollten Sie Ihren Finanz- und Marketingplan neu durchdenken, damit die Umsetzung Ihrer Berufung nicht an Geldmangel scheitert. Entscheiden Sie sich für die direkten Wege zum Kunden. Wählen Sie eher weniger als mehr Werbewege, gehen Sie diese Wege aber regelmäßig und wiederholt, wie es der Makler seit Jahren vormacht. Richten Sie Ihren Zeitplan so ein, dass Sie wiederholte, aktive Kommunikation an Abenden und Wochenenden leben können.

Monika nahm sich fortan gezielt Zeit, um Vereine und Veranstaltungen zu besuchen, wo sie mit entsprechenden Multiplikatoren wie Kinderärzten und Kindergärtnerinnen in Kontakt kommen konnte. Sie machte sich bewusst, dass die Menschen in ihrem neuen Umfeld eine längere Zeit dafür brauchen, um in ihren Köpfen zu verankern, dass sie mit ihrem speziellen Angebot vor Ort ist, deshalb beschloss sie Folgendes: "Ab jetzt stelle ich reichlich Zeit und finanzielle Mittel für Begegnungen zur Verfügung, bei denen ich mein Angebot vorstelle. Dann bin ich geduldig, in dem Wissen, dass ich alles getan habe, was ich tun kann, und dass es jetzt nur noch etwas Zeit braucht, bis wieder neue Klienten kommen. Dadurch lerne ich Schritt für Schritt die Menschen kennen, die für mein Angebot aufgeschlossen sind."

⊙

Kraft aus der Mitte

Die kreative Begeisterung

Die Begeisterungsfähigkeit macht den Unterschied. Was aber unterscheidet einen Pioniergeist von allen anderen? Der Pioniergeist wählt im Gefühl der Angst den Gedanken an die Chance. Einer der vielleicht berühmtesten Pioniergeister war Henry Ford, der mit viel Gegenwind seine Vision vom Fahrzeugbau durchsetzte. Von ihm stammt das Zitat: "Die Begeisterungsfähigkeit trägt deine Hoffnungen empor zu den Sternen. Sie ist das Funkeln in deinen Augen, die Beschwingtheit deines Ganges, der Druck deiner Hand und der Wille und die Entschlossenheit, deine Wünsche in die Tat umzusetzen."

Genau mit einer solchen Begeisterung setzte Frank seinen beruflichen Kurswechsel um. Von seinem Ziel überzeugt, entwickelte er ein inneres Feuer und einen unbeirrbaren Glauben. Seine Begeisterung entwickelte sich dadurch, dass er seine inneren Anteile annahm, auch wenn sie manchmal widersprüchliche Dinge wollten. "Das Sowohl-als-auch stellt für mich die magische Mitte dar, die mir die Kraft zum Weitergehen schenkte. Meine Widersprüchlichkeit wurde mir früher vorgeworfen. Doch zu den Widersprüchen hatte ich nun eine andere innere Beziehung. Durch das Aushalten und Zulassen von Widersprüchen entstand meine Energie. Wir sind vielschichtige Wesen. Gerade die Spannung, die ich manchmal nur als Angst wahrnahm, treibt mich nun an, neue Ufer zu erreichen."

So wie Frank ist jeder Mensch einzigartig. Wenn man sich und seinen Lebensweg akzeptiert, erkennt man den roten Faden darin, und es wird einem bewusst, dass alles einen Sinn hat und auch irgendwie zur Berufung passt. Deshalb ist es für niemanden förderlich, seine soziale Herkunft, seinen Geburtsort oder die geschichtliche Epoche, in der er lebt, zu verdrängen. Auch Frank lernte, mit selbstkritischer Ironie seine Familienstrukturen, die ihn früher eher gelähmt hatten, mit Liebe anzunehmen. Seine bürgerlichen Wurzeln nutzte er für die Entwicklung von Sozialkompetenz.

Manchmal kommt es in meiner Beratungspraxis vor, dass ein Klient die Berufung in dem Sinne entdeckt, dass er den bisherigen Beruf mit anderen Augen neu zu sehen beginnt und dadurch seinen alten Beruf mit Liebe beseelt. Zwar kommt es in dem Fall zu keinem Stellenwechsel oder zu einer Unternehmensgründung. Jedoch führt die veränderte Blickrichtung den Berufenen zum eigentlichen Sinn seines (Berufs-) Lebens: Die unsterbliche göttliche Seele will Freude im Tun erfahren, und durch die Integration aller Anteile wird die Begeisterung freigesetzt.

Rückkehr in die Heimat

Hat man seine Berufung erst einmal in die Tat umgesetzt, sind damit Vollendung, aber auch Freude verbunden. In diesem Buch habe ich Menschen beschrieben, die mit mehr Zufriedenheit am Arbeitsplatz deutlich tatkräftiger und vitaler wurden. Eine berufliche Tätigkeit, die glücklich macht, ist auch ein guter Nährboden für das Gelingen von Beziehungen in der Familie und im Freundeskreis. Haben Sie das richtige Berufsziel gefunden und ins Leben gerufen, so ist dies eine großartige Ausgangssituation für eine erfolgreiche berufliche Karriere.

Doch nicht nur mit einer beruflichen Karriere, sondern auch in einer sporadischen ehrenamtlichen Aufgabe ist die Rückkehr zur Berufung möglich. Denn das Praktizieren der Berufung bedeutet, dort beheimatet zu sein, wo Ihr inneres Feuer brennt. Die Berufung leben heißt, die Seele als Heimat zu wählen und daraus die Kraft und das Verantwortungsgefühl für alles Lebendige zu schöpfen. Wenn Letzteres gewahrt ist, kann die Berufung durchaus ohne ein konventionelles Berufsziel auskommen.

Wie großartig es ist, den Kontakt zu seiner Berufung zu haben, machte mir Marion deutlich: "Als ich bei meinen ehrenamtlichen Aufgaben älteren Menschen in die Augen schaute, spürte ich meine ganze Lebendigkeit. Ich wurde wieder menschlicher und fühlte, dass ich bei mir selbst angekommen war und eine Ahnung davon bekam, was meine Seele ausmacht. Durch die Arbeit erkannte ich, dass das zentrale Element der Berufung nicht ein Ergebnis oder ein Produktivitätszuwachs ist, sondern Erfüllung und Liebe."

Erfüllung, Liebe und Dienen sind die Aspekte, die dem Thema "Berufung" seine tiefere Bedeutung geben. "Mit dem Gefühl des Dienens am Nächsten spürte ich Gottes Nähe. Manche nennen so etwas Transzendenz. Mir wurde einfach nur bewusst, dass meine Heimat in der Liebe zu finden ist", erzählte Marion.

Marions Berufszielfindung brachte nicht das Ergebnis, das sie sich erhofft hatte. Obwohl sie finanziell längst ausgesorgt hatte, glaubte sie zunächst, dass es wichtig war, dieser Welt durch materielle Wertschöpfung etwas zurückgeben zu müssen. Um wie viel glücklicher war sie allerdings, als sie in ihrer eigenen Mitte die Freude spürte und sagen konnte: "Meine Freude ist da, und die universale Energie ist da. Sie will mich unablässig durchdringen!" Ist dieser Zustand erreicht, kann der Mensch alles erschaffen, was er will.

Die entscheidende Frage in den Berufungsgeschichten der in diesem Buch vorgestellten Menschen lautet: "Wer bist du?" Ihre Reise nach innen und zur Berufung war für sie ein Geschenk. - Dieses Geschenk steht Ihnen und mir zu. Die Goldmine in Ihnen ist bereits da, in der Heimat in Ihrem Herzen. Das Herz antwortet mit innerem Frieden und Harmonie, sobald Sie sich der Einheit mit allen anderen bewusst werden und wie Marion das Dienen als Akt der Liebe sehen. Es entsteht dann eine von Machtstrukturen vollkommen freie innere Verbindung zwischen den anderen, Ihnen und Ihrer Wirklichkeit - durch die Energie der Liebe, die ewig ist und sein wird.

Diese ewige Energie brachte *Anthony de Mello* in seinem Buch *Die Fesseln lösen. Einübung in erfülltes Leben* auf den Punkt: "Liebe ist alles, was es gibt - sie ist die höchste Energie." Ob Sie die Berufung gefunden haben und leben, hängt somit an einer einzigen Frage: Entsteht durch Ihre Tätigkeit Liebe in Ihrem Herzen? Das ist der Auftrag, den das Universum an Sie richtet! Die Berufs- oder Beschäftigungswahl ist die Entscheidung für den längsten Zeitraum während Ihres irdischen Lebens. Dieses Buch hat den Sinn, dass Sie sich für diejenige Alternative entscheiden, die Ihnen die höchste Erfüllung verspricht.

Natürlich ist mit der Liebe die Freiheit verbunden, und Freiheit beinhaltet die Ungewissheit und das Wagnis. Dieses Wagnis kann nur durch den Glauben an sich selbst und die Kraft der Liebe gelingen. Das wünsche ich Ihnen von Herzen. Am Ende ruft eine Stimme zur Erneuerung auf, die dem viel Geduldigeren die Regie übergibt. Sie ruft zum wahren Leben: *"Ich lebe, doch nun nicht ich, sondern Christus lebt in mir."* (GAL 2,20)

Kontakt

Dipl.-Betriebswirt Guido Ernst Hannig
Joseph-Haydn-Weg 42
61118 Bad Vilbel
Tel.: 0 61 01 / 40 82 65

info@der-spirituelle-berufscoach.de
www.der-spirituelle-berufscoach.de

Franziska Krattinger

Erfolgsrezepte

Greife nach den Sternen, wenn du wachsen willst!

Menschen leben in ihren Gewohnheiten, und sie wiederholen sich ständig. Um seine Gewohnheiten, die allein aus fixiertem Denken entstehen, zu ändern, muss der Mensch zuerst auf andere Gedanken kommen. Denn andere Gedanken bringen neue Vorstellungen, und neue Vorstellungen bringen neue Lebenssituationen. Die richtige Einstellung macht jeden Menschen zum Gewinner! Franziska Krattinger hilft den Menschen, auf andere Gedanken zu kommen und so ihr Leben mit wahrer Freude, tiefer Liebe und verstärktem Bewusstsein dauerhaft zu verändern, um sich so den Weg durch den Alltag zu erleichtern.

160 Seiten, Klappenbroschur
ISBN 978-3-89845-054-6
€ [D] 9,90

Franziska Krattinger

Das Leben geht weiter ... und DU?

Wissen Sie, was Schaltworte sind? Sind Sie in der Lage, durch Reden Macht zu bekommen? Beherrschen Sie die Körpersprache?

Lernen Sie mit Hilfe dieses kleinen Ratgebers, Ihre realen wie auch Ihre nonverbalen Äußerungen sowie die Ihres Umfelds zu entschlüsseln – und werden Sie zu einem bewussten Menschen, der nicht auf alles »antwortet«, also reagiert, sondern der nur agiert, wenn es seinem persönlichen Willen entspricht.

192 Seiten, Klappenbroschur
ISBN 978-3-89845-136-9
€ [D] 11,90

Dr. phil. Georg Rupp

Befreiung aus dem Hin & Her des Lebens

Lass dein Herz entscheiden

Der Psychologe Dr. Georg Rupp lädt Sie ein, sich auf das Wesentliche zu besinnen, auf das, was wirklich wichtig ist. Angesichts unserer Überflussgesellschaft, in der nichts unmöglich und alles erreichbar ist, hindern uns die scheinbar endlosen Wahlmöglichkeiten oft daran, die richtigen Entscheidungen zu treffen. Lernen auch Sie, sich von der Ohnmacht der Nichtentscheidung zu befreien. Dieser Ratgeber der besonderen Art zeigt, wie Sie das ewige gedankliche Hin und Her abschalten und auf Ihr Herz hören können, wo die Antworten leicht zu finden sind. Der Autor erklärt, wie Sie in sechs einfachen Schritten zur richtigen Entscheidung gelangen. Das gilt für Beruf, Karriere, Familie und Liebe, für das ganze Leben.

184 Seiten, 2 fbg., broschiert
ISBN 978-3-89845-355-4
€ [D] 14,90

192 Seiten, broschiert
ISBN 978-3-89845-393-6
€ [D] 14,95

Gabriele~Saskia Drungowski

Das Beste für dich

Der Weg vom Unbewussten zum Bewussten

Öffnen Sie die Tür zu Ihren innersten Räumen, in denen Sie Erstaunliches über sich selbst und Ihre Beziehungen erfahren. Dieses Wissen hilft Ihnen, sich selbst wahrhaft zu erkennen und zu verstehen, dass Sie verantwortlich für Ihr Leben sind. Mit diesem Verständnis können Sie nicht nur Ihr eigenes Leben in die Hand nehmen, sondern auch die Welt verändern.
Die praktischen Anleitungen, Übungen und Meditationen in diesem Buch unterstützen Sie, zu begreifen, wer Sie eigentlich sind. Dank dieses Wissens stehen Sie am Anfang einer ungeahnt tiefen Bewusstheit, die alles umfasst, was Sie für Ihr Leben und Ihren eigenen Weg benötigen.

176 Seiten, Klappenbroschur
ISBN 978-3-89845-278-6
€ [D] 12,90

Dr. Wolfgang Schwahn

MACH's!

Erfolgs-Styling

Wer träumt nicht irgendwann von einem »getunten« Auto?
Haben Sie schon einmal daran gedacht, dass Sie Ihre Persönlichkeit ähnlich »tunen« können, so dass Zukunft und Erfolg ganz schnell Synonyme werden? Sie müssen nur wissen, wo Sie den Turbo ansetzen müssen. Also: »MACH's!«
Der erfahrene Unternehmer und Coach Dr. Wolfgang Schwahn liefert in diesem Erlebnisbuch hierzu die psychologischen Schlüssel, denn:
Um die Zukunft positiv angehen zu können, bedarf es einer intensiven Persönlichkeitsgestaltung. Dank der praktischen Ratschläge dieses Buches werden Sie hier regelrecht auf Erfolg gestylt.

208 Seiten, Klappenbroschur
ISBN 978-3-89845-280-9
€ [D] 11,90

Phil Daub

Interview mit Joe

Vertraue deiner inneren Stimme

Manch einer wird ihn seinen Engel, ein anderer seine Intuition nennen – Phil Daub selbst spricht schlicht von seiner inneren Stimme, Joe, mit dem er in diesem Buch einen teilweise tiefschürfenden, manchmal ernüchternden, aber immer aufschlussreichen sowie unterhaltsamen Dialog führt. Es geht darum, Klarheit zu schaffen, im Umgang mit elementaren Themen wie Liebe und Angst, um die Frage, ob Gott existiert, um Geld und inneren Reichtum oder um das Puzzle der Seele. Joe erklärt ihm die Welt, sagt ihm die Meinung und macht auch den ein oder anderen Scherz.
Phil Daubs Werk ist ein eindringliches Plädoyer für eine Verschmelzung von Ratio und Gefühl, von Verstand und Herz. Es animiert auf unkomplizierte und gleichzeitig eindringliche Weise dazu, mit seiner eigenen inneren Stimme in Kontakt zu treten!

Weiterführende Informationen zu
Büchern, Autoren und den Aktivitäten
des Silberschnur Verlages erhalten Sie unter:
www.silberschnur.de

Sie können uns alternativ den
Antwort-Coupon aus dem beiliegenden
Lesezeichenflyer zusenden.

Ihr Interesse wird belohnt!